Ullstein

ÜBER DAS BUCH

Von einsamen Rittern, die gegen Windmühlen kämpfen, über attraktive Indianer, die für den Blutsbruder sterben, und Comic-Cowboys, die schneller schießen als ihr Schatten, bis hin zu Heranwachsenden mit einem Faible für den Rennstall – sie alle haben einen treuen Begleiter, mit dem sie nicht nur über Stock und Stein galoppieren, sondern den sie zärtlich beim Namen nennen: Rosinante, Iltschi, Jolly Jumper und Black Beauty.
Auf dem Rücken ihrer Lieblingspferde durch einen vollblütigen Parcours der Weltliteratur führen John Steinbeck, Djuna Barnes, Tania Blixen und viele andere Pferdenarren.

Ein Königreich für ein Pferd!

Sattelfeste Geschichten für Reiterfreunde

Ullstein

Ullstein Buchverlage GmbH,
Berlin
Taschenbuchnummer: 24275

Originalausgabe
Februar 1998

Herausgegeben von
Sabine Hupertz

Umschlagentwurf:
Vera Bauer
Illustration:
Joachim Blauel, ARTOTHEK,
unter Verwendung des Gemäldes
Die kleinen gelben Pferde von Franz
Marc
Vignetten: Wolfgang Schedler

Printed in Germany 1998
Gesamtherstellung:
Ebner Ulm

ISBN 3 548 24275 8

Gedruckt auf alterungsbeständigem
Papier mit chlorfrei gebleichtem
Zellstoff

Die Deutsche Bibliothek –
CIP-Einheitsaufnahme

Ein Königreich für ein Pferd!: sattelfeste Geschichten für Reiterfreunde/ [hrsg. von Sabine Hupertz]. –
Orig.-Ausg. – Berlin: Ullstein, 1998
(Ullstein-Buch; 24275)
ISBN 3-548-24275-8

Weitere Titel in der Reihe
der Ullstein-Geschenkbücher

Muttertag ist immer! (24149)
Ein Glück, daß es Oma gibt (23718)
Sechzig – wie schön! (23729)
Was wären wir ohne Sie! (23737)
Fünfzig – wie schön! (23743)
Ein Glück, daß es Mutter gibt! (23751)
Alles wird schon wieder . . . (23710)
Ein Glück, daß es Lorbaß gibt! (23891)
Ein Glück, daß es nette Nachbarn gibt (24152)
500 PS müssen nicht sein! (23896)
Geliebter Drahtesel (24151)
Keine Angst vor Windeln (23893)
Eigener Herd ist Goldes wert! (23894)
Zu netten Menschen kommt man gerne (23895)
Ein Glück, daß es Opa gibt! (23892)
Der Kleister macht den Meister! (24029)
Ein Glück, daß es Schwiegermütter gibt! (24030)
Wie schön, daß ihr euch traut! (24031)
Wie schön, mein Schatz, daß es dich gibt! (24150)
Liebe Kollegen braucht der Mensch (24153)
In Vino Veritas (24272)
Havanna, Brasil und Sumatra (24273)
Hoch auf die Karriereleiter (24274)
Durch die Blume (24276)

Inhalt

Der mit einem * versehene Titel wurde vom Verlag für diese Ausgabe gewählt.

Björnstjerne Björnson

Blacken

Björgan war früher Pfarrhof der Gemeinde Kvikne in Dovrekjäden. Das Gehöft liegt hoch oben, vollkommen für sich allein; als kleiner Knabe stand ich im Wohnzimmer auf dem Tisch und sah sehnsüchtig zu den Kindern unten im Tal hinab, die im Winter auf Schneeschuhen den Fluß entlangliefen oder im Sommer auf dem Rasen spielten. Björgan lag so hoch, daß Getreide daselbst nicht mehr wuchs, weshalb das Gehöft jetzt auch an einen Schweizer verkauft und ein Pfarrhof im Tal angekauft wurde, wo es doch wenigstens etwas ebener ist. Schmerzlich früh trat der Winter auf Björgan ein! Ein Acker, den Vater in einem warmen und frühen Frühling versuchsweise bestellt hatte, lag eines Morgens unter Schnee verhüllt da; anstatt eines Platzregens konnte ein Schneesturm das gemähte Gras ereilen, und wenn der Winter nun erst zunahm! Die Kälte wurde so groß, daß ich die Klinke der Haustür nicht anzufassen wagte, weil mir die Finger bei der Berührung des Eisens schmerzten. Mein Vater, der an der Küste des Randsfjord geboren und folglich abgehärtet war, mußte nach den entlegeneren Teilen seines Kirchspiels doch oft mit einer Maske vor dem Gesicht fahren. Es knarrte und knirschte auf den Wegen, sobald jemand gegangen kam, und kamen mehrere, so entstand ein ohrenzerreißender Lärm. Der Schnee reichte oft bis zum zweiten Stockwerk des schwerfälligen Hauses, kleine Nebengebäude schneiten ganz ein, Hügel, Gebüsche und Hecken verschwanden unter der Schneedecke völlig, ein unermeßliches Schneemeer dehnte sich aus, in dem bei jedem Sturm, welcher hier Höhlungen riß, dort Schneewehen zusammentrieb, die Gipfel hoher Birken wellenförmig hin und her schwankten. Ich stand auf dem Tisch und sah, wie die Lappländer aus den Bergwäldern mit ihren Rentierschlitten die steilen Felsenwände hinabsausten und dann wieder zu uns hinaufjagten. Ihre Schlitten schwankten hin und her, und ich werde nie vergessen, wie aus jedem, sobald der Zug endlich auf dem Hof hielt, ein Pelzbündel herauskroch und sich als ein kleines, geschäftiges und lustiges Menschenkind entpuppte, das Rentierfleisch verkaufte.

Die Bewohner des Kviknetales sollten sich in späteren Zeiten zu einem intelligenten und kräftigen Volksstamm entwickelt haben, allein zu jener Zeit war die Pfarrei Kvikne eine der berüchtigsten im ganzen Land. Nicht allzulange vorher hatte ein Pfarrer Pistolen mit in die Kirche nehmen müssen; ein anderer fand bei seiner Heimkunft aus der Kirche all sein Hausgerät von Männern mit geschwärzten Gesichtern, die in das Pfarrhaus eingedrungen waren und seine Frau, welche allein zu Hause gewesen, fast zu Tode erschreckt hatten, zertrümmert und zerschlagen. Der letzte Pfarrer war von dort fortgezogen und hatte sich entschieden geweigert, zurückzukehren. Lange Jahre war die Gemeinde ohne Pfarrer geblieben, bis Vater – vielleicht gerade deshalb – die Pfarrei erhielt, denn man traute ihm zu, daß er imstande wäre, ein Boot gegen Sturm und Strom festzuhalten.

Ich entsinne mich noch ganz deutlich, wie ich eines Sonnabend morgens eben im Begriff stand, die Treppe zur Amtsstube, die nach dem Scheuern einen wahren Eisspiegel bildete, auf allen vieren hinaufzuklimmen, und noch nicht viele Stufen emporgekommen war, als mich plötzlich ein aus der Amtsstube heraustönendes Krachen und Gepolter voller Angst wieder hinabjagte. Denn dort oben hatte es der Vorkämpfer und Hüne des Kirchspiels übernommen, dem widerspenstigen Pfarrer die dortige Volkssitte beizubringen, fand aber zu seiner Überraschung, daß ihm der Pfarrer erst seine eigene Sitte beibringen wollte. Er gelangte so zur Tür hinaus, daß er die ganze Treppe hinabrollte, unten seine verschiedentlichen Glieder zusammensuchte und in vier Sprüngen die Haustür erreichte. Die Leute in Kvikne wußten es nicht besser, als daß der Pfarrer ihnen die Gesetze gab, welche vom Reichstag ausgingen. Deshalb wollten sie ihm die Ausführung des Schulgesetzes verbieten; sie boten meinem Vater Trotz und versammelten sich zahlreich bei dem Zusammentritt des Schulvorstands, um seine Verhandlungen zu verhindern. Trotz der inständigen Bitten meiner Mutter begab er sich zu der Sitzung, und als ihm niemand bei der Einteilung der Schulbezirke und bei ähnlichen wichtigen Angelegenheiten beizustehen wagte, tat er es unter dem drohenden Murren der Menge selbst nach bestem Wissen; aber als er mit dem Protokoll unter dem Arm hinausging, wichen sie auseinander, und niemand tastete ihn an. Man denke sich den Jubel meiner Mutter, als sie ihn, ruhig wie immer, angefahren kommen sah.

In diesen Verhältnissen und Umgebungen wurde Blacken geboren! Seine Mutter war eine große, rote Stute aus dem Gudsbranddal, aller Freude, die sie sahen; sein Vater war ein rechter Wildfang, ein echter schwarzer Fjordhengst, der an einer fremden Stelle, als man sorglos mit der Stute vorüberzog, wiehernd aus dem Wald hervorbrach, über Hecken und Gräben setzte und mit dem Recht der Liebe nahm, was sein war. Schon früh wurde von Blacken gesagt: er wird das stärkste Pferd werden, das je ein Mensch hier im Norden gesehen hat, und sowenig ich auch Geschichten von Kämpfen und Schlägereien liebte, so betrachtete ich das Fohlen doch wie einen reichbegabten Kameraden. Es war übrigens keineswegs gegen mich immer artig; ich trage noch eine von seinem Huf herrührende Narbe über dem rechten Auge; aber trotzdem begleitete ich getreulich die Stute und das Fohlen, schlief mit ihnen auf der Erde und kugelte mich zwischen den Beinen der Stute hindurch, wenn sie weidete. Aber einmal war ich zu weit mitgegangen. Der Tag war warm gewesen, ich war in einer offenstehenden Waldscheuer, in der wir wohl alle drei Schutz gesucht hatten, eingeschlafen; die Stute und das Fohlen waren weitergegangen, aber ich war liegengeblieben. Es war schon spät geworden, als die Leute, welche mich vergebens gerufen und gesucht hatten, mit der Nachricht heimkehrten, daß ich nirgends zu finden sei. Man denke sich den Schrecken meiner Eltern – alle mußten hinaus, mich zu suchen, Felder und Wälder wurden rufend durchschritten, Bäche und Abgründe untersucht, bis jemand endlich ein Kind im Inneren der Scheune weinen hört und mich im Heu sitzend entdeckt. Ich war so voller Angst, daß ich lange nicht reden konnte, denn ein großes Tier war gekommen und hatte mich mit feurigen Augen angeblickt. Ob ich es nur geträumt oder wirklich erlebt hatte, vermag ich nicht mit Bestimmtheit zu sagen, aber gewiß ist, daß ich noch vor einigen Jahren erwachte, weil ich dieses Tier über mir stehen sah.

Blacken und ich, wir bekamen bald Kameraden: erst einen kleinen Hund, der mich Zucker stehlen lehrte, dann eine Katze, die eines Tages unerwartet in der Küche erschien. Ich hatte vorher nie eine Katze gesehen; totenblaß stürzte ich in das Zimmer hinein und schrie, daß eine große Ratte aus dem Keller gekommen sei. Im nächsten Frühjahr wurden wir unserer noch mehr, denn da kam noch ein kleines Ferkel hinzu – und so oft Blacken seine Mutter auf die Arbeit begleitete, hielten doch wir stets zusammen: der Hund, die Katze, das Ferkel und ich. Wir vertrieben uns die Zeit ziemlich gut, namentlich damit, daß wir zusammen schliefen. Ich gab diesen Kameraden ja alles, was ich selbst gern hatte; so brachte ich dem Ferkel einen silbernen Löffel hinaus, damit es anständiger fressen sollte; es versuchte es auch in der Tat – das heißt den silbernen Löffel zu fressen. Wenn ich meine Eltern zu den Leuten unten im Tal begleiten mußte, so kamen auch der Hund, die Katze und das Ferkel mit. Die beiden ersten setzten sich neben uns in die Fähre, die uns über den Fluß setzen sollte. Das Ferkel grunzte etwas und schwamm darauf hinterher. Wir wurden dann jedes nach seiner Weise bewirtet, und des Abends zogen wir wieder in derselben Ordnung heimwärts.

Allein bald sollte ich diese Kameraden verlieren und nur

Blacken behalten, denn mein Vater erhielt die Pfarrei Nässe im Romsdal. Es war ein merkwürdiger Tag, als wir fortzogen, wir Kinder und ein Kindermädchen in einem kleinen Haus, welches auf einen langen Schlitten gesetzt war, so daß uns weder Wind noch Schnee erreichen konnten, und mein Vater und meine Mutter in einem breiten Schlitten voran, und alle diese Menschen rings um uns her, die uns wieder und immer wieder Lebewohl sagen wollten. Ich kann nicht sagen, daß mir sonderlich traurig zumute war, denn ich zählte erst sechs Jahre und wußte, daß in Drontheim für mich ein Hut und Rock und Beinkleider gekauft waren, die ich bei unserer Ankunft in dem neuen Pfarrort anziehen sollte. Und dort, in unserer neuen Heimat, sollte ich zum erstenmal die See sehen! Und dann war ja auch Blacken mit!

Hier auf dem Nässeter Pfarrhof, einem der schönsten Gehöfte im Land, welches stattlich zwischen zwei zusammenstoßenden Fjorden mit grünen Felsen über sich daliegt, mit der Aussicht auf Wasserfälle und herrschaftliche Güter auf dem gegenüberliegenden Ufer, auf wogende Getreidefelder und reges Leben tief unten im Tal, und von dem aus man den ganzen Fjord entlang sich Landzunge an Landzunge, jede mit einem großen Hut gekrönt, weit in die See erstrecken sieht – hier auf dem Nässeter Pfarrhof, wo ich des Abends stehen und im Spiel der Sonnenstrahlen über Felsen und Fjorde blicken konnte, bis ich weinte, als ob ich etwas Böses getan hätte – und wo ich auf meinen Schneeschuhen unten in einem oder dem andern Tal plötzlich stehenbleiben konnte, wie bezaubert von einer Schönheit, von einer Sehnsucht, die ich mir nicht klarzumachen vermochte, die aber so groß war, daß ich auf dem Gipfel der höchsten Freude die höchste Mutlosigkeit und Trauer fühlte – hier auf dem Nässeter Pfarrhof wuchsen meine Eindrücke, aber einen der lebhaftesten erhielt ich von Blacken, denn hier wuchs auch er, wurde ein Held und verrichtete Heldentaten.

Er hatte nicht viel über Mittelhöhe, war aber vergleichsweise sehr lang und von einer wahrhaft lächerlichen Breite;

der Farbe nach war er falb, mehr gelb als weiß, mit schwarzer, ungewöhnlich üppiger Mähne; er wurde ein schwerfälliges, gutmütiges Tier – zum täglichen Gebrauch stets bereit. Die Arbeit, an die er gewöhnt war, tat er ruhig und geduldig wie ein Ochse, aber gründlich und ordentlich. Außerdem, daß er mehr als die halbe Pferdearbeit bei der Landwirtschaft, bei dem Anfahren des Holzes usw. auf diesem schwer zu bearbeitenden Gut verrichtete, schleppte er zu einem großen, neuen Hauptgebäude und zu dem vielen, was mein Vater sonst noch bauen ließ, mehr als die Hälfte des Materials, und zwar von einer sehr fern gelegenen, entsetzlichen Trift herbei. Wo zwei Pferde es nicht herausschaffen konnten, da wurde Blacken angespannt, und wenn das Geschirr nur hielt, dann kam es heraus. Er blickte sich gern nach den Knechten um, während sie ihm eine doppelte und dreifache Ladung aufluden; er sagte gerade nichts dazu, allein man mußte ihn doch erst drei- bis viermal bitten zu gehen, ehe er ging, und auch dann machte er erst einige Probezüge – aber darauf legte er sich mit aller Kraft in das Geschirr! Er ging ganz gemächlich, Schritt für Schritt; bisweilen kam ein neuer Knecht, der Blacken auf eine schnellere Gangart einüben wollte, aber es endete immer damit, daß sich der Knecht an die des Pferdes gewöhnen mußte. Die Peitsche wurde nie angewandt; denn man gewann den gewaltigen Arbeiter bald so lieb, daß alles in Güte zuging. Je berühmter er in der Gegend wurde, zu desto größerer Ehre gereichte es ja, ihn zu fahren.

Denn Blacken war bald ohne Vergleich des Kirchspiels größtes Wunder. Es begann wie überall, wo etwas Großes dahinter ist, mit gräßlichem Lärm und Haß, es begann nämlich damit, daß Blacken, welcher auf der Trift und im Gebirge unter den übrigen Pferden des Kirchspiels ging, sämtliche Stuten für sich allein behalten wollte. Er schlug die Nebenbuhler, die sich etwas einbildeten, dermaßen zuschanden, daß die Bauern sie unter großen Flüchen und Entschädigung verlangend nach dem Pfarrhof hinschleppten. Allmählich gaben sie sich zufrieden, da sie recht gut einsahen, daß sie dabei trotzdem nicht zu kurz kamen, denn Blackens Nachkommen gereichten ihm zum Ruhm! Gleichwohl schmerzte es sie doch lange, daß seine Überlegenheit so unerhört und so unbestreitbar war. Unser Nachbar, der Leutnant, konnte sich als Krieger gar nicht hineinfinden; er trieb zwei starke Tiere der gudbrandsdalschen Rasse, herrliche Pferde, auf – und diese sollten Blacken Respekt beibringen. Es wurde für und gegen gewettet; mit welcher Spannung sah man nicht dem Ausgang des ersten Zusammentreffens im Frühjahr auf den Weideplätzen im Gebirge entgegen! Ich vergesse deshalb nie den schönen Pfingstabend, an dem ich draußen stand und dem Birkhahn zuhörte, der an der Berghalde mit lautem Ruf die Hennen lockte, als ein Mädchen angesprungen kam und berichtete, daß die beiden Pferde des Leutnants dort bei den Schleifsteinen ständen und sich dicht aneinanderschmiegten. Alle hin – und siehe, die beiden schönen Tiere standen da und zitterten, aus Wunde an Wunde blutend! Sie waren unter Blackens gewaltigen Hufen und Zähnen gewesen. Die Furcht hatte ihnen die Kraft verliehen, über die hohe Umzäunung des Pfarrhofes zu setzen, denn sie hatten nicht gewagt, haltzumachen, ehe sie nach Hause kamen. Den Tag darauf ertönte Blackens Lob unter der sich vor der Kirche versammelnden Gemeinde und wurde von dort über »Berg und See« verbreitet.

Blacken hatte den Schmerz, daß einer seiner Söhne, ein kräftiger, brauner Hengst, nach einigen Jahren die Herrschaft mit ihm teilen wollte. Aber er ertappte ihn mitten in seinem ersten Aufruhrversuch, und als der freche Sohn nicht die Flucht ergreifen wollte, sondern ein herausforderndes Kampfgeschrei erhob, da richtete sich der erprobte Held empor, auf den Hinterbeinen gingen sie aufeinander los, legten einander die Vorderfüße um die Hälse und begannen den Ringkampf, denn auf diese Weise findet stets der Zweikampf der Hengste statt. Zuerst stand der junge Taugenichts gerade wie ein Violinbogen da; gleich darauf aber lag er niedergeschmettert auf dem Boden und erhielt seine väterliche Züchtigung. Ich stand dabei und sah es mit an.

In den nächsten Sommern hauste der Bär in der ganzen Gegend, der uns und andren viele Kühe und Schafe raubte. Alle Augenblicke hörten wir den Hirtenknaben schreien und den Hirtenhund anschlagen; dann wurde die Sturmglokke gezogen, die Arbeiter kamen angelaufen, und mit Flinten, Äxten und eisernen Stangen ging es zu den Almen hinauf; gewöhnlich kamen sie jedoch zu spät; entweder hatte der Hund bereits den Bären verjagt, oder ein Stück Vieh war bereits zerrissen, ehe die Hilfe erschien. Die Pferde konnten sich besser in acht nehmen, allein es geschah doch bisweilen, daß er ein Pferd tötete, entweder dadurch, daß er es in einen Sumpf lockte, wo das Pferd einsank und leicht ein Opfer wurde, oder dadurch, daß er es jagte, bis es von irgendeiner Felsenwand hinabstürzte. Namentlich in einem Sommer verursachte er großen Schaden; fast keine Woche ging vorüber, ohne daß sich der Bär an den Weideplätzen zeigte; die Pferde kamen oft plötzlich bis zu den Ställen hinab und waren dann stets in größter Angst und Aufregung, denn jedesmal wurden sie von dem Bären gejagt. Allein Blacken und die Stute mit ihrem Fohlen, die er scharfbeschlagen bewachte, kamen nie. Schließlich wußten wir gar nicht, wie es ihnen ergangen war; schon seit mehreren Tagen hatte der Hirt die Schelle der Stute nicht mehr erklingen hören. Als sie jedoch auch nach einem länger anhaltenden Unwetter, währenddessen sich die Pferde sonst der Heimat zu nähern pflegten, ja sich sogar oft an das Gattertor stellten, welches zum Stall führte, noch immer nicht angekommen waren, wurde ein großer Trupp Knechte nach dem Wald hinaufgeschickt, um Nachsuchung zu halten. Sie richteten ihr Augenmerk vorzüglich auf die Sumpfgegenden, falls der Bär das kampflustige Pferd dorthin gelockt, es auf diese Weise besiegt und dann vielleicht das Fohlen und die Stute, welche das Fohlen natürlich verteidigen würde, geraubt haben sollte. Sie suchten und suchten, ohne etwas Verdächtiges wahrzunehmen; Bärenspuren waren überall zu sehen, aber kein Merkmal eines Kampfes mit Pferden. Als die Knechte wieder zusammenkommen und sich darüber besprechen und sich der besten Pferdeweide im ganzen Wald nähern, wurde einer von ihnen darauf aufmerksam, daß sich gerade in der Nähe eines Sumpfes Spuren eines Fohlens und der Mutterstute finden. Die Tiere waren aber unaufhörlich auf demselben Platz, also in großer Angst, umhergegangen, und dieses war vor kurzem geschehen, ganz gewiß erst an demselben Tag. Bei näherer Untersuchung des Moorbodens fanden sie ganz deutlich, daß er an vielen Stellen infolge eines heftigen Kampfes zertreten war. Die Knechte fingen an, besorgt zu werden, aber sie wollten doch erst noch genauer nachsehen. Am Rande des Sumpfes entdeckten sie Spuren von den Hinterfüßen des Bären wie des Hengstes; sie hatten sich also beide sofort auf den Hinterfüßen emporgerichtet, der Bär hatte sich, um den Hengst zu verlocken, rückwärts in den Sumpf zurückgezogen, und dieser war ihm gefolgt, denn die breiten Tatzen des Bären vermag der Sumpfboden zu tragen, zumal ein Bär nicht so schwer wie ein Pferd ist, welches einsinkt und festsitzt. Allein diesmal hatte sich der Bär verrechnet, denn Blacken war zwar eingesunken, aber die Riesenkräfte seiner Lenden hatten es ihm möglich gemacht, die Beine wieder aus dem Schlamm des Sumpfes herauszuziehen, während die scharfbeschlagenen Vorderfüße schlugen und die scharfen Zähne bissen – und bald sah man nicht mehr die Spuren der Hinterfüße des Bären, sondern dagegen einen getreuen Abdruck seines Pelzes, und immer wieder und wieder einen und so den ganzen Sumpf entlang. Er war niedergeworfen worden, hatte sich nicht wieder aufzurichten vermocht und hatte sich nun, um sich gegen die Schläge und Bisse des wütenden Pferdes zu schützen, weiter und weiter gewälzt, und das konnten sie bis auf den festen Boden verfolgen. Angeregt und begeistert von dem, was ihnen der Anblick des Kampfplatzes so deutlich verkündigte, hörte das Ohr der Knechte noch schärfer und sah ihr Auge noch gespannter um sich, und bald waren sie imstande, in der jetzt nach dem Regenwetter sonnenhellen und zitternden Luft die Schelle der Stute aus dem Laubwald am Fuß der Berghalde zu vernehmen. Sie eilten hin, trafen aber auf Blacken, der ihnen mit feuersprühenden Augen näher zu kommen verbot. Er war nicht wiederzuerkennen. Mit hocherhobenem Kopf und wallender Mähne trabte er in weiten Kreisen um die Stute und das Fohlen herum, und erst nach vielen guten Worten und mit Hilfe von Salz gelang es, ihm wieder in Erinnerung zu bringen, daß bekannte Leute zu ihm kamen. Aber diese Heldentat Blackens, die einzig in ihrer Art dastand, verbreitete um seinen Namen einen solchen Glanz, daß sein bisheriger Name »Pfarrerblakken« zum »Bärenblacken« erhöht wurde. Einmal nach dem andern, Jahr für Jahr, hatte er einen Strauß mit dem Bären, und jedesmal war er noch lange nachher nicht zu bändigen. Einmal hatte er eine Wunde von den Klauen des Bären davongetragen. Ein alter erfahrener Held des Bärengeschlechts hatte den Hengst dicht unter den Augen gepackt und ihm, als er seinen Kopf gewaltsam losriß, eine tiefe Wunde beigebracht. Einen so alten Hengst scharfbeschlagen auf die Trift zu lassen, war sonst gefährlich, allein die Pferde kannten ihn und flohen, und wenn auch eines oder das andere noch dumm genug war, standzuhalten und seine Schläge hinzunehmen, so hatte man doch mit Blacken seines weit berühmten Namens wegen Nachsicht. Ein Pferd, welches Bären zu Boden schlug, mußte ja tun dürfen, was es wollte.

Wie bewundert er war, konnte am besten bemerkt werden, wenn wir, was selten geschah, gezwungen waren, mit ihm zur Kirche zu fahren. Sollte die ganze Familie nebst Hausjungfer und Hauslehrer die Kirche besuchen, so mußte Blacken drei bis vier von uns in einem alten Gig fahren, in dem man »nicht bloß zu eitler Lust« dasaß. Weil keines der gewöhnlichen feineren Sielengeschirre groß genug für ihn war, so mußte er in seinem Arbeitsgeschirr schwerfällig dahertraben, und da ihm die schwere, sich sträubende Mähne bis in die Augen hinabhing, so sah er eben nicht danach aus, als befände er sich auf der Fahrt nach der Kirche. Sein Wagen mußte der letzte in der Reihe sein, denn teils wollte er nicht laufen, sondern nur langsam wie vor dem Arbeitswagen gehen, teils wollte er mit den Kirchgängern in alle Waldwege einbiegen, an die er gewöhnt war. War er jedoch der hinterste in der Reihe, so folgte er, wenn auch in seiner Weise: wenn die anderen Pferde liefen, sprang Blacken wie ein Bär, und so kamen die, welche im Gig saßen, stoßweise oder wie bei hohem Wellenschlag vorwärts, und einmal trat bei ihnen wirklich eine förmliche Art Seekrankheit ein. Bei der Kirche aber ging mit Blacken eine vollkommene Veränderung vor. Dort befanden sich nämlich viele andere Pferde, und er erhob sofort den Kopf und stieß einen herausfordernden Kampfesruf aus. Dieser wurde von allen Seiten ringsum beantwortet, und nun wollte er mit dem Gig auf seine Gegner los, wurde aber gehalten, ausgespannt und ihm darauf der Spannstrick angelegt. Für ihn wurde ein ganz besonderer Spannstrick mitgenommen, und dann wurde er nach einem Platz dicht unter dem Felsenabhang gebracht, um von den andren Pferden so fern wie möglich zu sein. Allein er wollte zu ihnen, zerrte an seinem Spannstrick, richtete sich auf den Hinterbeinen in die Höhe, schüttelte die Mähne und wieherte in das Tal hinab. Um ihn waren mehr Menschen versammelt als in der Kirche. Wenn er einen Augenblick ruhig war, streichelten sie ihn und maßen seine Brust, seinen Hals, seine Lenden, griffen auch wohl nach seinem Maul, um sein Gebiß zu betrachten; sobald aber eines der andren Pferde wieherte, riß er sich von ihnen los, richtete sich auf den Hinterbeinen in die Höhe und gab wiehernd seine Antwort – allen kam es so vor, als hätten sie noch nie etwas so Herrliches gesehen. Ich meinesteils bin nie über etwas so stolz gewesen, wie ich damals über Blacken war, wenn ich unter den Bauern stand und die begeisterten Lobsprüche mit anhörte.

Und hier auf der Höhe seiner Siegeslaufbahn will ich ihn verlassen. Ich kam in die Welt hinaus und bekam andere Ziele für meine Bewunderung und andere Helden für meinen Nacheifer.

Liam O'Flaherty

Silbervogel

Nach dem Abendbrot waren alle Deacys um den Eßtisch in Haus Kilfinnan versammelt, um in tiefster Niedergeschlagenheit Familienrat abzuhalten. Bis zu den jährlichen Point-to-Point-Rennen der Coolagh-Jagd waren's nur noch drei Tage. Doch sie hatten keinen Reiter für ihren fünf Jahre alten Wallach Silbervogel, mit dem sie den Liosbawn-Pokal gewinnen wollten. Der älteste Sohn Roger, ein zwanzigjähriger Bursch, hätte den Wallach reiten sollen. Er saß am untereren Ende des Tisches und trug den rechten Arm geschient und in weißen Bandagen. Vor vierzehn Tagen hatte er ihn gebrochen, als er mit Silbervogel Hürden-Springen trainierte.

Sie hatten überall versucht, einen Ersatzmann für Roger aufzutreiben, aber ohne Erfolg. Das dumme war nämlich, daß Silbervogel keinen andern Reiter länger als zwei oder drei Sekunden auf seinem Rücken duldete. Die Lage schien also völlig hoffnungslos.

»Wir müssen's weiter versuchen«, sagte Roger, ein langes Schweigen brechend. »Ich versichere euch aber, Silbervogel ist nicht richtig wild: er ist bloß nervös, und er kann die meisten Leute nicht leiden. Wenn wir nur jemand finden könnten, von dem er sich gern reiten ließe . . .«

»Du brauchst dir nichts mehr vorzumachen, Roger«, unterbrach ihn Mr. Deacy mit düsterer Stimme. »Wir können keinen Reiter für ihn finden. So ist es nun mal. Wir haben immer Pech. Es ist das berühmte Deacy-Pech. Hat mich mein Leben lang verfolgt – man kann nichts dagegen machen.«

»Das ist ja blühender Unsinn, John«, sagte Mrs. Deacy.

»Es ist die pure Wahrheit, Dorothy«, entgegnete Mr. Deacy. »Mittlerweile solltest du es auch gemerkt haben, nachdem du zweiundzwanzig Jahre mit mir verheiratet bist!«

»Es gibt kein Deacy-Pech!« erklärte Mrs. Deacy. »Ich hab's gründlich satt, immer wieder zu hören, daß so etwas als Entschuldigung für Unfähigkeit, Faulheit und offenkundige Verrücktheit herhalten soll!«

Mr. Deacy sah bestimmt ein bißchen verrückt aus, als er jetzt auf seine Frau blickte. Er war ein hochgewachsener, grobknochiger Mensch von einundsechzig Jahren, und in seinen dunklen Augen stand ein wilder Ausdruck. Über der rechten Schläfe hatte er eine tiefe Narbe, die er sich als junger Mann durch einen bösen Sturz beim Hindernisrennen geholt hatte.

»Na, da soll doch gleich... !« rief er. »Ist ja reizend, was du da vor meinen Kindern zu mir sagst, noch dazu in einem solchen Augenblick, wenn ich tiefunglücklich bin und ein freundliches Wort oder ein Rat mir helfen könnte, einen Ausweg zu finden. Du bist ja eine großartige Kameradin für einen Mann! Eine großartige Kameradin, weiß Gott!«

»Laß sie doch, Vater!« sagte Roger. »Du mußt nicht hinhören, was sie sagt. Du weißt ja, daß Mutter sich gern reden hört!«

»Ich will keine Frechheiten mehr von dir hören, Roger!« schalt Mrs. Deacy. »Seit du in deines Vaters Fußstapfen trittst und dich auf Glücksspiele und Pferderennen verlegt hast, ist es aus mit deinen guten Manieren und deinem Respekt vor älteren Leuten. Du bist ein echter Deacy geworden.«

»Aber beruhigt euch doch«, sagte Tante Penelope. »Benehmt euch, ja? Dadurch, daß ihr euch beschimpft, bekommt ihr erst recht keinen Jockey. Wenn man durch Schimpfreden reich werden könnte, wärt ihr die reichste Familie im ganzen Bezirk!«

Mr. Deacy schlug mit geballten Fäusten auf den Tisch und fluchte.

»Redet mir bloß nicht vom Glück«, stöhnte er. »Da hab'

ich mein Leben lang versucht, ein gutes Rennpferd fürs Hindernisrennen zu züchten. Schließlich, nachdem ich schon aus dem letzten Loch pfeife, glückt's mir bei einem. Silbervogel ist wirklich ein gutes Reitpferd. Daran gibt's nichts zu rütteln. Und ich könnt's beschwören, daß er nicht bloß gut, sondern ausgezeichnet ist, auch wenn er noch nicht die Feuerprobe in einem Hindernisrennen mit erstklassigen Rivalen bestanden hat. Wenn ich ihn nur richtig ansetzen könnte, würde er mir innerhalb eines Jahres zehntausend Pfund einbringen.«

»Zehntausend Hirngespinste!« rief Mrs. Deacy verächtlich.

»Es ist wahr!« rief Mr. Deacy aufgeregt. »Scharen von hungrigen Engländern kommen jetzt nach Irland, um unser gutes irisches Fleisch zu essen. Und die Taschen haben sie bis zum Rand voll Geld. Wenn sie ein paar gute Steaks im Bauch haben, werden sie so guter Dinge, daß sie alle ein Rennpferd kaufen und den Grand National gewinnen wollen. Sie zahlen phantastische Preise für alte Klepper, die ihren Hafer nicht mehr wert sind.«

»Zehntausend Hirngespinste!« wiederholte Mrs. Deacy. »Wenn du dein Land bestellen wolltest, John, oder wenigstens Rindvieh züchten . . .«

»Er hat recht, Mutter«, wurde sie von Roger unterbrochen. »Was er sagt, ist richtig. Ich weiß, daß Lord Dilisk neulich viertausend Pfund für ein Pferd namens Simpleton bekommen hat, und er hatte es keine zwei Monate vorher für dreihundertfünfzig von Barney Gouldrick gekauft. Weißt du's noch, Vater? Damals hat jeder gesagt, er sei verrückt, daß er Barney die dreihundertfünfzig gäbe!«

»Das stimmt«, sagte Mr. Deacy. »Er hat viertausend für Simpleton bekommen, ein zehn Jahre altes Pferd, das immer höchstens als Dritter durchkam. Gescheiter Kerl, der Dilisk. Oh, ich könnte ebenso gescheit dastehn, wenn ich bloß einen Reiter für Silbervogel hätte! Wenn ich den Liosbawn-Pokal mit ihm gewinnen könnte, und dann noch ein paar andre

Point-to-Point-Rennen, dann hätt' ich genügend Geld, um ihn bei ganz großen Rennen laufen zu lassen. Dann könnt' ich nächstes Jahr mit ihm nach Punchestown gehn, und wenn er dort auch für mich siegt, wär er ein anerkannter junger Champion. Dann bekäme ich eine Ladung Geld für ihn.«

»Jeder Deacy kommt als Verrückter auf die Welt«, sagte Mrs. Deacy, »und er stirbt auch als Verrückter, und in seinem ganzen Leben ist kein einziger Moment, wo er klar im Kopf ist. Wenn du dir irgendeine ordentliche Arbeit vornehmen würdest, anstatt all solchen unmöglichen Plänen nachzuhängen, wie man rasch reich wird, dann wäre unser Bankkonto nicht überzogen, und wir brauchten uns nicht zu schämen, unsre Gesichter in der Stadt zu zeigen, wo wir überall Geld schuldig sind.«

»Es ist viel Wahres an dem, was du sagst, Dorothy«, entgegnete Penelope, »aber ich möchte doch erwähnen, daß deine eigene Familie, die Fitzmaurices, auch nicht gerade Muster an Fleiß und Sparsamkeit sind. Findest du nicht?«

»Laß das sein, Penelope!« sagte Mr. Deacy. »Du brauchst nicht persönlich zu werden!«

»Um Gottes willen«, sagte Brian, ein siebzehnjähriger Rotkopf, »könnt ihr alten Leute denn nicht lieber über einen Reiter für Silbervogel nachdenken, anstatt euch wie die Kesselflicker zu streiten?«

»Ich bin der unglücklichste Mensch von der Welt«, sagte Mr. Deacy. »Als ich schon alle Hoffnung aufgegeben hatte, jemals ein gutes Rennpferd zu züchten, da beschert mir die göttliche Vorsehung in ihrer Barmherzigkeit einen Champion. Und dann stellt es sich heraus, daß der Champion wild und widerspenstig ist.«

»Silbervogel ist nicht wild, Vater«, rief Roger empört. »Warum mußt du dauernd behaupten, daß er widerspenstig ist?«

»Wenn er nicht widerspenstig ist, dann fress' ich 'n Besen!« erklärte Mr. Deacy. »Das Tier ist die verrückteste Kreatur, die ich je im Leben gesehen habe!«

»Er ist bestimmt sehr sanft zu jedem, den er gut leiden kann«, sagte Roger, »und er ist so weichmäulig wie ein Engel. Wie kann er wild sein, wenn er so schön weichmäulig ist?«

»Wenn das Vieh mich kommen sieht«, erwiderte Mr. Deacy, »dann bleckt's seine Zähne und schnaubt so wüst, daß sogar einem Zulu-Krieger das Herz in die Hose rutschen würde.«

»Das sind doch bloß seine Nerven!« rief Roger. »Er ist eben sehr sensibel. Er hat nur zu ein paar Menschen Vertrauen.«

»Zu ein paar?« entgegnete Mr. Deacy. »Du bist der einzige, den er in seine Nähe läßt, und das beweist, daß er verrückt ist. Jedes verrückte Pferd hat so was an sich, daß es nur einen einzigen Menschen in seine Nähe läßt. Ach! Was nützt alles Reden? Es ist das Deacy-Pech, das mich dauernd verfolgt!«

»Silbervogel läßt aber Tante Penelope in seine Nähe kommen«, fuhr Roger fort, »und das beweist, daß er nicht verrückt ist. Er kann sie sogar noch besser leiden als mich. Stimmt das etwa nicht, Tante Penelope?«

Mrs. Deacy rief gehässig: »Das stimmt schon, aber es beweist ja erst recht, daß er wirklich völlig verrückt ist.«

»Du nimmst jede Gelegenheit wahr, Dorothy«, sagte Tante Penelope, »findest du nicht?«

Dann machte das jüngste Kind der Familie, ein sechzehnjähriges Mädchen namens Charlotte, einen tollen Vorschlag.

»Wenn er Tante Penelope so gut leiden kann«, sagte sie mit dunkler Stimme, »warum reitet sie ihn dann nicht beim Rennen?«

Mr. Deacy und die drei Kinder blickten alle gespannt auf Tante Penelope. Mrs. Deacy schnaufte verächtlich durch die Nase und strickte weiter an ihrem Pullover.

»So ist's recht«, rief Tante Penelope unwillig und schob ihren Stuhl zurück. »Macht euch nur lustig über eine alte Frau! Was noch alles?«

Sie war dreiundsechzig und hatte große Ähnlichkeit mit ihrem Bruder, da sie groß und derbknochig war und wilde dunkle Augen hatte, die ihrem rotwangigen Gesicht einen leicht verrückten Ausdruck verliehen. Sie hatte eine prachtvolle stahlgraue Haarmähne. In ihrer Jugend war sie als Reiterin bei Fuchsjagden bekannt und berühmt gewesen; sie ritt auch mit beträchtlichem Erfolg bei den Point-to-Point-Rennen. In den letzten zwanzig Jahren hatte sie jedoch nie mehr auf einem Pferd gesessen, weil ihre Sehkraft so abnahm. Sonst war sie aber noch stark und munter. Sie stand im Ruf, die ausdauerndste Spaziergängerin im ganzen Bezirk zu sein.

Die drei Kinder drangen auf sie ein und widersprachen mit lauter Stimme, sie hätten sich nicht mit dem leisesten Gedanken über sie lustig machen wollen.

»Es ist ein glänzender Einfall!« schrie Roger.

»Wir hätten schon längst darauf kommen sollen!« rief Brian. »Du bist die beste Reiterin im ganzen Distrikt! Ich hab's gehört, wie Jack Heynes, der Tierarzt, es behauptet hat, und der muß es wissen, wo er doch selbst ein guter Reiter ist.«

»Ich habe schon seit zwei Tagen dran gedacht, Tante Penelope«, sagte Charlotte mit ihrer feierlichen Stimme, »aber ich bin ja nie zu Worte gekommen.«

Mr. Deacy schlug auf den Tisch und sagte düster:

»Setzt euch, Kinder, und redet nicht solchen Unsinn! Ihr wißt ganz genau, daß eine Frau in Penelopes Alter bei einem Rennen von solcher Ausdehnung mit einem so wilden Tier wie Silbervogel nicht fertig wird. Mein Himmel noch mal! Wenn das Tier verrückt wird . . .«

»Du täuschst dich, Vater«, rief Roger mit schriller Stimme. »Silbervogel ist wirklich so sanft, daß . . .«

»Du mußt auch bedenken, Roger«, unterbrach ihn Mrs. Deacy, »daß Tante Penelope so blind wie ein Maulwurf ist!«

»Das bin ich gar nicht«, rief Penelope empört. »Ich kann viel besser sehen als du, Dorothy! Mit meiner Brille kann ich ausgezeichnet sehen! Nur um dir's zu beweisen, steige ich morgen auf Silbervogel und nehme ein paar von den Hürden draußen.«

Die Kinder jubelten begeistert.

»Brave alte Penelope!« rief Roger. »Ich wußte ja, daß du's in dir hast!«

»Ruhig jetzt, Kinder!« mahnte Mr. Deacy und stand auf. »Wir dürfen keinen Unsinn reden. Ich darf Penelope nicht auf den Gaul lassen. Könnt's mir nie verzeihen, wenn ihr etwas zustieße!«

»Sei kein Esel, John«, erklärte Penelope hochmütig. »Ich kann noch so gut reiten wie früher. Und ich will Dorothy nur zeigen, daß ich nicht blind bin.«

Mr. Deacy rieb sich das Kinn, und während er seine Schwester ansah, stieg ein wilder Ausdruck in seine Augen. Sein Herz begann rascher zu klopfen.

»Gut, Penelope«, sagte er, nachdem er mühsam geschluckt hatte. »Wenn du ihn wirklich morgen ausprobieren willst . . .«

Penelope sah wie ein Kind aus, als sie am nächsten Morgen mit Brille, grauem Sweater und Reithosen auf den Rükken des riesigen Tieres kletterte. Silbervogel maß mehr als siebzehn Handbreit und war überaus kräftig gebaut.

»Sei vorsichtig, Penelope!« schrie Mr. Deacy aus angemessener Entfernung.

Er zog es vor, nicht näher zu kommen, um das Pferd nicht nervös zu machen.

»Dummes Zeug!« rief Penelope. »Laß die Zügel los, Roger! Warum seid ihr denn alle so nervös? Tut ja gerade, als ob ich eine Vierjährige wäre, die ihre erste Reitstunde hat.«

Sie sprach dem Pferd zu und ritt langsam mit ihm die Koppel entlang und hinüber zu dem großen Gelände, auf dem Mr. Deacy ein paar Hürden hatte aufstellen lassen, um junge Pferde einzureiten. Silbervogel benahm sich keineswegs wie ein wildes Tier. Er gehorchte ihr auf eine geradezu sanftmütige Art. Nachdem er ein Weilchen im Kreis getrabt war, brachte sie ihn zum Galoppieren und lenkte ihn vor eine von den Hürden. Er flog prachtvoll darüber. Penelope bewies, daß sie während ihres langen Reitverzichts gar nichts von ihrer alten Gewandtheit eingebüßt hatte. Nach dem meisterhaften Sprung brachte sie ihn tadellos hoch.

Die Kinder stimmten ein großes Gejubel an, als sie sahen, wie sicher das Pferd und die kleine alte Frau die Hürde nahmen. Mr. Deacy strahlte übers ganze Gesicht.

»Was hab' ich dir gesagt, Vater?« schrie Roger. »Wenn Silbervogel jemand gut leiden kann, ist er so sanft wie ein Lamm. Paß nur auf, wie er gleich die nächste Hürde nimmt! Er ist der geborene Springer. Wie ein Hirsch setzt er an.«

Penelope und Silbervogel sprangen über die zweite Hürde und auch noch über eine dritte: immer im gleichen tadellosen Stil. Dann kehrten sie zur Koppel zurück.

»Da habt ihr's!« sagte Penelope, nachdem sie ihr beim Absteigen geholfen hatten. »Das beweist euch, daß ich nicht blind bin!«

Mr. Deacy haschte nach der Hand seiner Schwester und schüttelte sie aufgeregt.

»Du bist großartig«, sagte er, »aber glaubst du, daß du die vier Meilen beim Liosbawn-Rennen durchhalten könntest? Das ist verdammt anstrengend!«

»Natürlich kann sie das!« rief Roger. »Sie kann's, und sie wird's auch tun!«

»Ich könnt's versuchen«, sagte Penelope mit grimmiger Entschlossenheit, »weil ja sonst niemand aufzutreiben ist. Ich weiß, John, daß du dein ganzes Herz dran gehängt hast, das Rennen zu gewinnen. Ich weiß, wieviel es für dich bedeutet. Ich persönlich bin genauso wie du selbst drauf erpicht, daß Silbervogel sich einen Namen macht. Ich liebe das Pferd. Ich finde, es ist ein ausgezeichnetes Tier, und ich möchte der ganzen Welt zeigen, wie fabelhaft es ist.«

Die drei Kinder jubelten wieder und umarmten ihre Tante.

»Dann ist es abgemacht«, sagte Mr. Deacy. »Wir melden

uns fürs Rennen an, und Penelope wird Silbervogel reiten. Und jetzt müssen wir alles Notwendige für eine gute Wette vorbereiten. Da Lord Dilisk einen Favoriten hat, sollten wir auf Silbervogel mindestens fünf zu eins bekommen.«

Die folgenden Tage verbrachte er damit, das Geld aufzubringen. Es erwies sich als sehr schwierig, denn im Bezirk hatte er keinen Kredit mehr. Keiner wollte ihm auch nur einen Penny leihen. Schließlich gelang es ihm, siebenundvierzig Pfund zusammenzubringen, indem er neues Sattelzeug und andere Sachen verkaufte. Um ganz offen zu sein: er erhielt fünfundvierzig Pfund in bar und eine Flasche Kognak.

»Es ist nicht viel«, sagte er am Morgen des Renntages zu seiner Familie, »aber jedenfalls ist's ein Anfang. Wenn wir vier oder fünf zu eins bekommen, dann haben wir ein paar hundert Pfund für das nächste Rennen!«

Bei seinen Worten warf Tante Penelope fünf Pfund auf den Tisch und bat ihren Bruder, sie als Wetteinsatz von ihr anzunehmen.

»Es ist alles«, sagte sie, »was mir noch verblieben ist von der Erbschaft, die mir Onkel Anthony vor achtzehn Jahren vermacht hat.«

»Bravo!« rief Mr. Deacy.

»Verschwender wollen Hunger leiden!« sagte Mrs. Deacy verbittert. »Ich wüßte in diesem Augenblick nicht, wo ich eine Unze Tee oder ein Pfund Rindfleisch auf Kredit bekommen könnte.«

Das Wetter war wirklich furchtbar: ein grober Wind wehte, und dazwischen hagelte es. Die Kälte war beißend. Und doch fand sich eine ungeheure Menschenmenge in Palmer's Bog ein, wo die Rennen stattfinden sollten: nämlich hoch oben zwischen Berggipfeln auf der Heide. Zigeuner hatten sich scharenweise aus sechs Bezirken eingestellt. Die große Anzahl Zelte erweckte den Eindruck, daß ein ganzes Heer auf dem wilden Hochmoor kampiere. Das fahrende Volk begann schon frühzeitig, sich zu verlustieren, zu trinken und

Harmonika zu spielen und zu tanzen; daher herrschte um die Zeit, als das Rennen begann, bereits ein mächtiger Trubel.

Die Deacys zögerten ihr Erscheinen so lange wie möglich hinaus, damit Silbervogel durch den Tumult nicht völlig verrückt würde. Trotzdem benahm er sich sehr schlecht, als er auf dem Weg zum Sattelplatz durch die Menge geführt wurde. Roger bemühte sich, das riesige Tier zu beruhigen, doch es bäumte sich immer wieder und schlug so wütend aus, daß die Leute entsetzt vor ihm ausrissen.

»Haben Sie da das wilde Biest von Borneo, Mr. Deacy?« rief ein Spötter.

»Wolln Sie ihn in den Zoo bringen?« rief ein andrer. »Meine Güte, nicht jeder Zoo nimmt solchen Teufelskerl!«

Als Mr. Deacy derlei Bemerkungen hörte, wurde er beinah ebenso toll wie das Pferd. Er drohte der Menge mit seinem Stock und erwiderte auf eine Art, die sie nur noch zu weiteren Ausbrüchen anspornte.

»Ihr dummen Tölpel!« schrie er. »Ich will euch schon noch beweisen, was das für 'n Tier ist. Ihr Bauernlümmel!«

»Laß das, John!« sagte seine Frau und packte ihn beim Arm. »Sei nicht töricht!«

Noch über die Schulter schrie er den Quälgeistern etwas zu, und sie mußte ihn mit Gewalt weiterzerren. Inzwischen war es Roger und Penelope gelungen, Silbervogel ohne Mißgeschick auf den Sattelplatz zu schaffen.

Dann trat Lord Dilisk vor und machte eine Bemerkung, die Mr. Deacy von neuem in Raserei versetzte.

»Haben Sie 'n Reiter für Ihr Pferd gefunden, John?« fragte er.

»Allerdings«, sagte Mr. Deacy hochmütig, »und einen verdammt besseren als den Ihren!«

»Nicht möglich!« sagte Lord Dilisk mit unverschämtem Tonfall. »Darf ich fragen, wer es ist?«

Dilisk war ein großer Mensch mit einem schwarzen Schnurrbart in seinem harten Gesicht und mit blauen Augen, die jedermann voller Haß anzublicken schienen. Er war berühmt als erfolgreicher Reiter bei Hindernisrennen und auch als Züchter von Rennpferden.

»Meine Schwester wird reiten«, sagte Mr. Deacy.

Dilisk blickte auf Penelope, die, vor Kälte zitternd, in ihrem schäbigen Regenmantel und einer Jockey-Kappe dastand und erbärmlich schmächtig und alt aussah.

»Sie sprechen wohl nicht im Ernst?« sagte er zu Mr. Deacy und zog die Augenbrauen in die Höhe.

»Was wollen Sie damit sagen?« fragte Mr. Deacy ärgerlich.

Dilisk zuckte die Schultern.

»Wenn Sie dulden, daß sie den nichttrainierten Gaul reitet, dann bedeutet es, Sie unterzeichnen ihr Todesurteil! In ihrem Alter ist jeder Sturz ganz bestimmt tödlich!«

»Sagten Sie, mein Pferd ist untrainiert?« schrie Mr. Deacy.

»Völlig untrainiert«, sagte Dilisk. »Er ist durchaus unzähmbar und verrückt.«

»Wollen Sie mich absichtlich beleidigen?« fragte Mr. Deacy.

»Nicht im geringsten«, erwiderte Lord Dilisk. »Ich rate Ihnen nur zu Ihrem eigenen Besten, das Pferd nicht laufen zu lassen.«

»So, so, untrainiert?« rief Mr. Deacy und war vor Wut leichenblaß geworden.

»Jedes Kind weiß«, fuhr Dilisk fort, »daß Sie keinen Menschen im ganzen Bezirk auftreiben konnten, der ihn geritten hätte. Während des Rennens stellt er für uns andere eine Bedrohung dar. Es ist sehr wenig sportlich von Ihnen, so einen Gaul laufen zu lassen.«

Damit drehte er sich unvermittelt um und ging fort.

»So, so, untrainiert?« schrie Mr. Deacy und schwenkte seinen Stock. »Sie unverschämter Geck! Sie verdammter Roßhändler! Sie sind wütend, weil ich Ihr Angebot nicht angenommen hab', Ihnen meinen Silbervogel zu verkaufen. Da liegt der Hase im Pfeffer, Sie miserabler Geizkragen!«

Dann wandte er sich an die Menge, die sich um ihn geschart hatte.

»Vor einem Monat ist der Geizhals zu mir gekommen«, schrie er, »und bot mir zweihundert Pfund für mein Pferd. Ich hab' ihm geantwortet, daß ich Silbervogel lieber eine Kugel in den Kopf schieße, anstatt ihn zu so einem Preis zu verkaufen! Da bot er mir zweihundertfünfzig. Ich hab' ihm gesagt, sich fortzuscheren. Ich hab' ihm gesagt, ich würd' lieber verhungern . . .«

Die ganze Familie mußte sich um den aufgebrachten Mann versammeln und ihn mit flehentlichen Bitten beschwichtigen, ehe er mit seinem Geschrei aufhörte. Sie sahen bedauernswert aus, wie sie da in einer kleinen Gruppe beisammen standen – mit ihren schäbigen Kleidern und ihren wilden Gesichtern und dem wilden Pferd: wie ein Rudel hungriger Wölfe, das von einer sie quälenden Menschenmenge eingekreist wurde.

»Einerlei«, sagte Mr. Deacy, nachdem er sich wieder ein wenig gefaßt hatte. »Wir werden schon sehen, wer zuletzt lacht!«

Als er seine Wette anmelden wollte, bot ihm der Buchmacher zehn zu eins an.

»Tut mir schrecklich leid, Ihnen Geld abzuknöpfen«, sagte der Buchmacher lachend, »aber Geschäft bleibt Geschäft.«

»Lange werden Sie's nicht behalten«, sagte Mr. Deacy und stolzierte von dannen.

Mr. Deacy sah so zuversichtlich aus, daß der Buchmacher einem seiner Gehilfen etwas zuflüsterte.

»Geh mal und bring die Hälfte anderswo unter«, sagte er. »Man könnte bei einem Kollegen zwanzig zu eins bekommen. Der verrückte Kerl hat vielleicht doch was im Hinterhalt. Bei den Rennen geschehen stets Zeichen und Wunder. Die alte Dame könnt's wirklich schaffen!«

»Wenn sie's tut«, sagte der Gehilfe, »dann will ich mein Lebtag keinen Tropfen Whisky mehr trinken!«

Als der Augenblick kam und Penelope sich auf Silbervogels Rücken schwingen sollte, bat sie ihren Bruder um etwas Kognak. Mr. Deacy öffnete die Flasche und gab sie ihr.

»Trink nicht zuviel«, mahnte er, »sonst steigt er dir zu Kopfe! Du mußt kühl bleiben, sag' ich dir. Und vergiß nicht, dauernd hinter Dilisk und seinem Dun Emer zu bleiben, bis du die vorletzte Hürde geschafft hast. Dann legst du los!«

Trotz der Warnungen ihres Bruders nahm Penelope einen sehr kräftigen Schluck aus der Flasche. Dann befestigte sie ihre Brille mit Klebstreifen und wurde aufs Pferd gehoben.

»Leb wohl, Penelope«, sagte Mrs. Deacy. »Ich hab' dir nichts übelgenommen, das kannst du mir glauben.«

»Du bist 'ne bittere Pille, Dorothy«, sagte Penelope. »Selbst jetzt kannst du's dir nicht verkneifen, mir dein Messerchen in den Rücken zu stechen. Du bist eine echte Fitzmaurice, mit jeder Faser!«

»Schluß damit, Penelope«, sagte Mr. Deacy und umklammerte das Knie seiner Schwester. »Denke dran, was ich dir gesagt habe. Du kennst die Rennbahn nicht, deshalb laß dich nicht in die Führung drängen, bevor du die vorletzte Hürde geschafft hast. Von da an bis zum Ziel ist's eine gerade Strecke. Bleib hinter Dun Emer, bis du über die vorletzte Hürde bist! Dann laß die Zügel schießen und leg los! Wenn natürlich Dun Emer stürzen sollte, mußt du dich von einem andern Pferd bis zur vorletzten Hürde führen lassen. Jetzt also Hals- und Beinbruch, und paß auf, daß der Dilisk dir kein Bein stellt. Der Schurke schreckt vor nichts zurück!«

Seltsamerweise wurde Silbervogel so sanft wie ein Lamm, sobald Penelope auf seinem Rücken saß. Er ertrug es sogar, daß Mr. Deacy in seine Nähe kam. Auf dem Weg zum Start kanterte er so friedfertig durch die Menge, als ob er ein Veteran wäre. Trotzdem pfiffen die Leute andauernd und rissen Witze über Penelope.

»Die alte Meerfrau haben sie auf ihr wildes Biest aus Borneo gesetzt!« schrie ein Buchmacher. »Das ist ein Pärchen! Gleiche Chancen für Dun Emer! Vier zu eins für Umbrella!

Sechs zu eins für Fighting Cock und Shaun Murphy! Zehn zu eins für Silbervogel!«

Penelope hatte keine Schwierigkeiten, Silbervogel richtig an der Startlinie einzureihen: sie fühlte sich gestärkt durch den Kognak, den sie getrunken hatte, und angenehm erregt, weil sie nach zwanzig Jahren zum ersten Mal wieder an einem Rennen teilnahm. Sie brachte ihn gleichzeitig mit allen andern los. Sie spürte sofort, daß er das geborene Rennpferd war, eins von den Tieren, die im Wettstreit mit andern immer ihr Bestes hergeben. Sie war begeistert, weil sie durch den leisesten Zügeldruck seine Riesenkräfte lenken konnte.

»Er ist wunderbar«, sagte sie vor sich hin, als sie sich der ersten Hürde näherten. »Wenn ich's nur fertigbringe, auf ihm zu bleiben, dann siegt er im Kanter.«

Die neun Pferde nahmen die erste Hürde fast in einer Reihe und blieben ohne irgendwelches Mißgeschick dicht beisammen, bis sie über eine Meile zurückgelegt hatten. Dann stürzte Shaun Murphy bei der Hürde, die auf den umgepflügten Streifen führte. Ein Stückchen weiter hin warf ein Pferd namens Rowdy Tim die junge Frau aus dem Sattel, die ihn ritt, und jagte querfeldein von dannen. Da legte Umbrella los und führte bald um zehn Längen an, während Fighting Cock und Dun Emer an zweiter Stelle auf gleicher Höhe lagen. Penelope befolgte ihrs Bruders Anweisung haargenau und lag ein paar Längen hinter Dun Emer.

Während der ersten Hälfte des Rennens hatten die Pferde den Wind im Rücken. Daher hatte Penelope nichts weiter zu tun, als auf Silbervogels Rücken zu bleiben, und Silbervogel lief herrlich. Sie dachte an nichts anderes als die berauschende Freude, wieder einmal ein Rennen mitzureiten. Dann schwenkten alle zum Ziel ein, dem wütenden Sturm direkt in den Rachen, und noch fast zwei Meilen bis zum Ziel. Da vergaß die arme Frau ihren Freudenrausch und biß die Zähne zusammen, denn sie fühlte, wie die eisige Kälte ihren schmächtigen Körper wie mit Messern stach. Sie hatte kaum genügend Kraft, sich vom Sturm nicht hinunterwehen zu lassen.

»Großer Gott!« stammelte sie verzweifelt. »Ich kann mich nicht halten, 's ist alles aus!«

Umbrella beging vor der Steinmauer einen üblen Fehler, riß sich beide Hinterbeine auf und sank beim Landen in die Knie. Obwohl die Geschicklichkeit seines Reiters ihn wieder auf die Beine stellte, war er doch so erschüttert, daß er bald aus dem Wettstreit ausschied. Dann überholte Fighting Cock den Dun Emer ein klein wenig, während Silbervogel noch immer gemütlich ein paar Längen dahinter an dritter Stelle lag. Als Fighting Cock den Abhang zur Doppelhürde hinaufstürmte, wies er Anzeichen von Erschöpfung auf. Obwohl er, von seinem Reiter angespornt, beide Hindernisse nahm, ohne einen Fehler zu machen, zeigte es sich bald danach ganz eindeutig, daß er sein Pulver verschossen hatte. Er verfiel beinah in Schritt und gesellte sich weit rückwärts zu Umbrella.

Das war der Zeitpunkt, da Lord Dilisk sich entschied, loszulegen und Penelope abzuschütteln. Er spornte sein Tier plötzlich an und raste mit höchster Geschwindigkeit von dannen.

»Jetzt kommt's drauf an«, sagte sich Penelope. »Jetzt beginnt das Rennen!« und sie schickte Silbervogel auf die Verfolgung.

Das große Pferd gehorchte bereitwillig und hatte bald seine ehemalige Stellung – drei Längen hinter Dun Emer – zurückerobert. Penelope zügelte ihn, da sie noch nicht die Führung übernehmen wollte. Dilisk blickte über die Schulter und gab seinem Renner dann ein paar kräftige Hiebe mit der Peitsche. Trotzdem konnte Dun Emer kein rascheres Tempo einschlagen. Er lief schon so rasch er konnte.

»Wenn ich nicht aus dem Sattel falle«, sagte sich Penelope, »dann ist das Rennen gewonnen. Wenn's nur nicht so entsetzlich kalt wäre ...«

Eine dreiviertel Meile vor dem Ziel begann ein stürmischer Hagelschauer niederzuprasseln. Die Schloßen waren fast so groß wie Kirschen. Nun wurde die Kälte unerträglich.

Sie versuchte, ihr Gesicht hinter dem Pferdekopf zu verstekken, damit die Brillengläser sich nicht beschlagen konnten. Doch als das Pferd zum nächsten Sprung ansetzte, schlug eine Handvoll Schloßen auf die Brille und nahm ihr jegliche Sicht. Als Silbervogel jenseits der Hürde sicher gelandet war, hob sie die Linke und versuchte, die Gläser sauberzuwischen. Doch wurde es dadurch nur noch schlimmer. Ihre Finger waren völlig gefühllos. Sie waren beinah erstarrt. Von dem Schlamm während des Rennens waren sie lehmverkrustet. Durch das unbeholfene Tasten der Finger geriet auch noch Schlamm auf die unsauberen Gläser. Da bekam sie eine panische Angst und versuchte, die Brille abzunehmen. Doch das mißlang ihr. Sie hatte sie mit dem Klebstreifen am Ohr befestigt. Es blieb ihr nicht mehr genug Kraft, sie abzureißen. Überdies raubte ihr der Schreck darüber, daß sie so gut wie blind war, fast die Besinnung.

Sie riß sich jedoch wieder zusammen, ließ die Linke auf die Zügel sinken und umklammerte das Pferd verzweifelt mit den Schenkeln, um sich im Sattel zu halten.

»Ich muß oben bleiben«, stieß sie zwischen den zusammengebissenen Zähnen hervor. »Ich muß!«

Sie benutzte die letzte Spur von Kraft in ihrem schwachen alten Körper und klammerte sich blindlings an den Rücken des großen Pferdes, das nun durch den Hagelsturm vorwärts raste. Dann merkte sie, wie er wieder zum Sprung ansetzte, jenseits sicher landete und weiterraste. Sie hörte die Stimme Dilisks, der seinen Renner wie verrückt anspornte. Zu ihrer Freude begriff sie, daß die Stimme ihres Rivalen hinter ihr war und daß sie rasch immer entfernter klang.

»Wir haben ihn überholt«, sagte sie sich. »Oh, wenn ich mich bloß oben halten könnte! Wenn Silbervogel den Weg zum Ziel allein finden könnte!«

Nachdem sie den nächsten Sprung genommen hatten, hörte sie das Gebrüll der Menge direkt voraus und wußte, daß das Pferd immer noch richtig lief. Da ergriff die Siegerfreude von ihr Besitz, und sie wurde fast hysterisch.

»Los, Silbervogel«, rief sie schrill und mit klappernden Zähnen, »los, mein Liebling! Ich wußte ja, daß du's schaffst. Jetzt ist's dein Rennen! Du hast's gewonnen! Los!«

Mehr als vierzig Längen vor Dun Emer galoppierte das große Pferd durchs Ziel, auf dem Rücken Penelope, die schrill wie ein Vögelchen zirpte, dessen Nest ausgeplündert wird. Silbervogel galoppierte durch die jubelnde Menge, sprang über ein großes Auto, das ihm im Wege stand, und kam dann friedlich genau auf der gleichen Stelle zum Stehen, wo Penelope ihn bestiegen hatte. Penelope schrie noch immer hysterisch, als sie aus dem Sattel gehoben wurde. Sie wickelten sie in Decken, trugen sie in ein Zelt und flößten ihr Kognak ein.

»Die letzte Meile ist er ganz allein gesprungen«, erzählte sie ihrem Bruder, als sie sich ein wenig erholt hatte. »Die Hagelschloßen hatten mich blind gemacht. Die letzte Meile hab' ich nichts mehr gesehen. Er hat allein durchs Ziel gefunden. Er ist ein wunderbares Tier.«

Mr. Deacy nahm ebenfalls einen Zug aus der Kognakflasche. Dann schwenkte er seinen Stock und schrie los:

»Auf nach Punchestown! Auf zum Grand National!«

Sie trugen Penelope auf den Schultern, die Menge nämlich, trugen sie zu dem alten verbeulten Vehikel, das der Familie Deacy gehörte. Sie wollten auch Silbervogel im Triumphzug geleiten, aber das große Pferd wollte von ihrer kriecherischen Schmeichelei nichts wissen. Als Penelope nicht länger auf seinem Rücken saß, verfiel es wieder in sein wildes Wesen. Es wieherte und bäumte sich, stand auf den Hinterbeinen und schlug so rasend um sich, daß die Leute vor ihm flohen. Roger mußte es abführen.

Dann stieg Mr. Deacy in seinen alten Wagen und legte seinen Arm um Penelopes Schulter; unter dem tosenden Beifall der Menge fuhren sie von dannen.

»Hei, Miss Penelope!« riefen die Leute. »Sie sind ein großartiges altes Frauchen!«

Mr. Deacy schwenkte seinen Stock und rief:

»Auf nach Punchestown! Auf zum Grand National!«

John Steinbeck

Das Versprechen

An einem frühen Nachmittag marschiert Jody kriegerisch auf seinem Schulweg die Hecken entlang nach Hause. Er trommelt auf seine blecherne Frühstücksbüchse, das ist seine große goldene Pauke; mit scharfen Zungenstößen ahmt sein helltönender Kindermund die Blasinstrumente der Militärmusik nach: Drommeten, Fanfaren. Sein Gefolge der Mitschüler hat sich schon nach und nach, bald in dieses, bald jenes Seitentälchen, ein jeder auf seine heimische Farm verzogen. Er aber marschiert weiter, Knie hochgehoben, Füße fest aufgesetzt. Er marschiert nur scheinbar allein. Denn hinter ihm zieht eine Geisterarmee mit wehenden Fahnen und Waffen, ein schweigendes todbringendes Heer.

Der Frühlingstag war grün und golden. Unterhalb der Eichen mit ihrem breiten Geäst standen die Setzlinge hochaufgeschossen und blaß; die Grashalden an den Hügeln waren dicht bewachsen und glatt. Der Gartensalbei trug neue Blätter; sie schimmerten silbern; die Eichbäume hatten goldgrüne Kapuzen. Und über allem wogte ein Duften, das jagte die Rosse in gestrecktem Galopp, in dem sie jäh innehielten und staunten; das verleitete Lämmer, ja sogar alte erfahrene Schafe und Böcke zu Luftsprüngen, aus denen sie dann auf steife Beine zu stehen kamen und wieder friedlich zu weiden begannen, während junge täppische Kälber mit den Köpfen gegeneinander stießen, zurückwichen und wieder gegeneinander rannten. Als aber das schweigende graue Geisterheer unter Jodys Oberkommando vorüberzog, stockten Kampf und Spiel und das Grasen der Tiere, und sie betrachteten den Vorbeimarsch.

Plötzlich bleibt der Anführer stehen, sein großes Heer

steht wie aufs Haupt geschlagen. Er bückt sich, kniet; die Reihen geraten ins Wanken, lösen sich in zarten Nebeldunst auf und sind mit leisem Seufzerhauche verschwunden. Im Straßenstaub hat Jody die Stachelkrone einer Leguaneidechse erblickt. Zielsicher reckt seine Hand sich nach dem stacheligen Heiligenschein, packt zu, hält das sich heftig sträubende Tier und dreht es, jagdkundig, auf den Rücken. Blaßgolden, preisgegeben schimmert die Blöße des Bauches. Mit weichem Zeigefinger streicht Jody über Kehle und Brust des Leguans, bis dieser ermattet nachgibt, Augen schließt, schlaff daliegt und einschläft.

Die erste Jagdbeute. Jody birgt sie in seiner Lunchbüchse – ein anderer Jody. Der sachte, auf unhörbaren nackten Zehen, mit eingezogenen Schultern dahinschleicht; seine Rechte umschließt ein unsichtbares Gewehr, und der Hekke entlang der Straße entquillt ein neues, unerwartetes Heer von Schattentigern und Grislybären. Die Jagd ist gut. Bis zum Briefkasten an der Straßenkreuzung hat der kühne Waidmann zwei weitere Leguans, vier kleine Graseidechsen, eine blaue Schlange, sechzehn gelbgeflügelte Heuschrecken gefangen und zwischen Felsgestein einen braunen, feuchtglänzenden Molch hervorgezogen. Und der ganze Verein krabbelt nun unglücklich und scharrt verzweifelt in Jodys Frühstückstrommel.

Beim Kreuzweg verdunstete das Gewehr, die Tiger und Bären lösten in Tau sich auf, ja selbst das feuchte Gewimmel in der Frühstücksbüchse schien nicht mehr zu existieren, denn an dem Briefkasten ist ein rotes Fähnlein aufgezogen, und das bedeutet: Post für Tiflins. Jody stellt seine Menagerie auf den Boden, öffnet den Kasten, entnimmt ihm eine Nummer des »Salinas Weekly Journal« und einen Katalog von Montgomery Ward, schlägt den Briefkasten wieder zu und trottet mit seinem Blechgefäß über den Hügel und hinab in die Senkung der heimischen Ranch. Kurz vor dem Stall setzt er sich in Trab, rennt an Heuschober, Bunkhaus und dem Zypressenbaum vorbei und durch die vordere Glastür ins Haus: »Ma, Ma, da ist ein Katalog!«

Mrs. Tiflin hatte Quarkkäse ausgepreßt und wusch sich die Hände unter dem Kranen. »Hier, Jody!« meldete sie sich, »in die Küche!« Da kam der Junge auch schon herein, bummste die Blechbüchse in den Spülstein und wandte sich um: »Darf ich den Katalog aufmachen, Ma?«

Die Mutter wandte sich wieder dem Quark zu. »Verlier ihn aber nicht, Jody! Der Vater braucht den Katalog.« Sie schabte die Quarkreste zusammen. »Ach, Jody, der Vater will dich noch sprechen, eh' du die Hühner füttern gehst«, fiel ihr ein, während sie eine Fliege vom Käse verjagte.

Bestürzt klappte Jody den eben geöffneten Katalog wieder zu. »Ma?«

»Ja, hörst du denn nicht, mein Junge? Dein Vater will mit dir sprechen, habe ich dir gesagt.«

Brav legte Jody den Katalog auf das Geschirrbrett. »Ist es etwas . . . etwas . . . was ich angestellt habe?«

Die Mutter lachte. »Immer ein schlechtes Gewissen! Was hast du denn angestellt?«

»Gar nichts, Ma«, widersprach er schwach; vielleicht erinnert er sich nur nicht mehr daran, und außerdem, man kann doch nie wissen, woraus einem hintennach ein Strick gedreht wird! Wenn einer will, ist alles ein Verbrechen.

Der weiche Käse war nun in einem Baumwollsäckchen; das hing die Mutter an einen Nagel zum Abtröpfeln über den Ausguß. »Er hat mir nur gesagt, wenn du nach Hause kämst, wolle er mit dir über etwas sprechen. Er ist irgendwo drüben beim Stall.«

Jody machte kehrt und ging zur Hintertüre hinaus. Als er den Aufschrei der Mutter beim Öffnen der Frühstücksbüchse vernahm, gab es ihm einen Stich; er beschleunigte seine Schritte, hörte um keinen Preis die wütende Stimme, die ihm vom Farmhaus nachschrie.

Carl Tiflin und Billy Buck standen beim untern Gehege.

Auf den obersten Balken der Umzäunung hatten sie ihre Ellenbogen und auf den untersten je einen Fuß gestützt. Ab und zu fiel ein belangloses Wort. Innerhalb der Einfriedung knabberten sechs Pferde zufrieden an süßen Gräsern. Die Stute Nellie stand aufgebäumt mit dem Rücken zum Gatter und rieb ihre Kruppe an einem schweren Pfosten.

Langsam, unbehaglich kam Jody angetrödelt. Er schleppte die Füße am Boden nach; er wollte recht harmlos erscheinen. Bei den Männern angelangt, stellte er einen Fuß auf den untersten Balken, stützte die Ellenbogen auf den zweiten und guckte auf die Weide. Die beiden sahen ihn von der Seite an. »Ich wollte mit dir sprechen«, sprach Carl Tiflin in jenem überlegenen Ton, den er für Kinder und Tiere bereit hatte.

»Ja, Vater«, antwortete Jody schuldbewußt.

»Billy hat mir berichtet, du hättest den Pony gut gepflegt, ehe er einging.«

Also da lauert kein Strafgericht, nach solcher Einleitung . . .! »Ja, Vater, das habe ich«, versetzte Jody, schon merklich kühner.

»Billy sagt, du hättest mit Pferden Geduld und eine gute, geschickte Hand.« Ein Gefühl warmer Freundschaft für Billy wallte in Jody auf.

»Kein Mensch hätte den Pony besser trainieren und halten können als er«, warf Buck ein, und nun ging Carl Tiflin geradewegs auf sein Ziel los. »Wenn du wieder ein Pferd bekämst, würdest du für es arbeiten?«

»Ja, Vater«, antwortete Jody und erschauerte wie im Fieber.

»Dann paß einmal auf. Billy meint, so richtig mit Pferden umzugehen, lernst du nur, wenn du erst einmal eines von der Geburt an gepflegt und in die Höhe gebracht hast . . .« – »Die einzige Möglichkeit«, warf Billy ein. »Also, dann höre zu!« fuhr der Vater fort. »Jess Taylor auf der oberen Ranch hat einen guten Zuchthengst. Aber das Beschälen kostet fünf Dollar. Ich werde das Geld auslegen, aber du mußt dafür den ganzen Sommer über schaffen. Ist dir das recht?«

Die Därme zogen sich Jody vor Sehnsucht zusammen. »Ja, Vater«, antwortete er sanft.

»Und dich nicht beklagen? Und was man dich heißt, auch erledigen? Nichts vergessen?!«

»Ja, Vater.«

»Schön. Also dann führst du morgen Nellie zu dem Hengst auf der oberen Ranch. Und dann übernimmst du ihre Pflege, bis sie ihr Füllen wirft, verstehst du?«

»Ja, Vater.«

»Und jetzt kümmere dich um das Holz und die Hühner!«

Jody entfernte sich. Als er hinter Billy vorbeistrich, streckte sich seine Hand fast wie von selber aus nach den blaubaumwollenen Hosenbeinen, aber Billy merkte es nicht. Ein Gefühl der Reife und eigenen Bedeutung erfüllte den Jungen; er bewegte die Schultern mit männlichem Schwung.

Gewissenhaft wie noch nie erledigte er seine Pflichten. Die Futterkanne stülpte er den Hühnern nicht mehr auf einen Fleck aus, wo sie sich drücken und stoßen und um jedes Körnlein herumbalgen mußten, nein, er breitete heute den Weizen so fein, so sorgsam und so weit aus, daß die Hühner einen Teil davon überhaupt nicht mehr auffinden konnten. Und nachdem er in der Küche Mutters Verzweiflung über einen Jungen, der seine Lunchbüchse mit schleimigen erstickten Reptilien und Wanzen vollstopft, geduldig angehört hatte, gelobte er, es nie wieder zu tun! All diese Torheiten gehörten nun der Vergangenheit an; er fühlte sich viel zu erwachsen, um je wieder einen Leguan in die Butterbrotbüchse oder die Lunchtasche zu stecken. Er schleppte so viel Holz ins Haus und errichtete daraus einen so hohen Bau, daß die Mutter in Furcht vor einer Brennholzlawine erblaßte. Nachdem er auch noch Eier gefunden hatte, die seit Wochen unentdeckt geblieben waren, ging er wieder zur Weide. Eine dicke warzige Kröte, die bei der Tränke unter dem Trog hervorlugte, machte auf ihn nicht den mindesten Eindruck.

Tiflin und Buck waren nicht zu sehen, doch hörte Jody von der andern Seite des Stalles her ein metallisches Läuten, das ihm angab, daß Billy beim Melken der Kühe war.

Die übrigen Pferde grasten am oberen Ende der Weide, nur Nellie rieb sich noch immer erregt an dem Pfosten. Jody näherte sich ihr langsam. »So-o-o-o, so-o, Fräulein«, beruhigte er. Die Ohren der Stute legten sich böse zurück, die gelben Zähne entblößten sich. Sie warf den Kopf herum; ihre Augen waren stier und verglast. Jody kletterte auf das Gatter hinauf, ließ die Beine hinunterbaumeln und schaute väterlich auf die Stute. Die Nacht brach an. Fledermäuse und Nachteulen flatterten.

Billy Buck trug einen Eimer mit Milch zum Farmhaus. Als er Jody sah, blieb er stehen. »Du wirst lange darauf warten müssen«, meinte er freundschaftlich, »schauderhaft lang! Das bekommt man bald über, das Warten!«

»Ich bekomme es nicht über, Billy. Wie lang dauert es denn?«

»Fast ein Jahr.«

»Gut. Ich werde warten.«

Der Triangel läutete scharf vom Haus herüber. Jody kletterte von dem Gatter herunter und ging mit Billy zum Abendessen. Er half ihm auch den Milcheimer tragen.

Am folgenden Morgen wickelte Tiflin nach dem Frühstück eine Fünfdollarnote in ein Stück Zeitungspapier und steckte das Päckchen in Jodys Brusttasche fest. Billy Buck legte der Stute Nellie den Halfter um und führte sie aus der Umzäunung. »Paß gut auf!« warnte er Jody, »du mußt sie ganz kurz halten, so! Sonst beißt sie; das ist ein verrücktes Biest.«

Jody griff den Halfter nicht erst am Strick an, sondern gleich kurz am Leder und zog den Hügel empor in Richtung der oberen Ranch. Hinter ihm tänzelnd, mit scheuen Seitensprüngen die Stute Nellie. Auf den Weideplätzen entlang der Straße kamen die Körner des wilden Hafers just aus den Hülsen, und die warme Morgensonne schien so mollig auf Jodys Rücken, daß er trotz seiner gereiften Würde von Zeit zu Zeit unbedingt einen kleinen Luftsprung riskieren mußte. Auf den Weidezäunen hockten schwarze Vögel mit roten Achselschnüren, die einen trockenen Ruf ausstießen. Feldlerchen sangen wie Wasserfälle. Wildtauben, unter raschelndem, brüchigem Eichenlaub versteckt, gurrten verhaltene Trauertöne. In den Feldern sonnten sich Hasen; Scheren gleich ragten ihre Löffel über die Grasspitzen. So ging es eine Stunde gleichmäßig bergan. Dann bog Jody in einen schmalen Pfad ein, der über einen steileren Hang zur oberen Ranch führte. Er sah schon das rote Dach der Stallung über den Eichen hervorragen und hörte vom Haus her gleichmäßiges Hundegebell.

Plötzlich springt Nellie zurück, fast reißt sie sich los. Von der Stallung her hört Jody ein grell pfeifendes Wiehern, Splittern von Holz, den lauten Ruf eines Mannes. Nellie wiehert und ruft zurück. Er hat noch das Ende des Halfterseils in der Hand. Mit entblößten Zähnen rennt die brünstige Stute gegen ihn an. Er läßt den Strick los, weicht behend aus und ist mit einem Satz in den Büschen. Wieder der hohe Schrei von den Eichen her, und wieder wiehert Nellie zur Antwort.

Der Zuchthengst wird sichtbar, seine Hufe wirbeln den Grund auf. Ein zerrissenes Haltseil nachziehend, prescht er den Abhang herab und heran. Mit fiebrig funkelnden Augen, die Nüstern gereckt, wie Flammen rot, die feuchte Haut von Sonne leuchtend, naht er so schnell, daß er bei der Stute nicht einzuhalten vermag, an ihr vorübersaust. Nellies Ohren gehen zurück, sie dreht sich, schlägt nach dem Vorbeijagenden aus. Nun wirft sich der Hengst herum und zurück, haut mit den Vorderhufen nach der Stute; sie wankt unter dem Schlag; seine Zähne suchen nach ihrem Nacken, schlagen hinein; Blut quillt hervor . . .

Und im Augenblick ist Nellie wie umgewandelt. Weiblich kokett nagt sie an seinem gewölbten Nacken, schiebt sich an ihn heran und reibt ihren Bug an dem seinen.

Im Busch halb verborgen, hat Jody alles mit angesehen. Nun hört er es hinter sich traben – schon hat ihn eine Faust beim Hosenriemen gepackt, vom Boden gehoben und – Jess Taylor hat ihn hinter sich auf sein Pferd gesetzt. »Beinah!« sagte Jess, »beinah wärst du jetzt hin, mausetot! Sundog ist manchmal ein ganz hundsgemeines Aas; hat sein Seil durchgerissen und dann hui durchs Gatter!«

Jody saß ruhig auf dem Roß, aber nur einen Moment; dann schrie er: »Er tut ihr weh, er macht sie kaputt; tu ihn weg von ihr!«

Jess mußte lachen. »Nellie ist pudelwohl. Geh du jetzt lieber hinauf ins Haus. Vielleicht gibt es da ein Stück Torte für dich.« Aber der Junge schüttelte eifrig den Kopf. »Die Stute ist unser, und das Füllen soll mein sein; ich zieh' es groß!«

Jess nickte beifällig. »Eine gute Sache! Ausgezeichnet. Carl hat doch manchmal verständige Einfälle.«

Binnen kurzem war die Gefahr vorüber. Jess setzte Jody ab, fing den Hengst am abgerissenen Haltseil und ritt im langsamen Schritt voran, gefolgt von Jody, der Nellie am Halfterband führte.

Erst nachdem er seine fünf Dollar losgesteckt, abgeliefert und zwei Stück Torte vertilgt hatte, machte Jody sich auf den Heimweg. Nellie ging folgsam mit ihm und war so sanft, daß er unterwegs von einem Baumstumpf auf ihren Rücken klomm und bis nach Hause ritt.

Die vorgestreckten fünf Dollar des Vaters machten den Sohn für den Rest des Frühlings und den ganzen Sommer zum Taglöhner. Beim Heuen legt er kräftig mit Hand an; beim Jackson-Forke-Preßpacker leitete er den Zuggaul, und als der Verpacker da war, mußte er mit dem Gaul, der die Heupresse drehte, immer mit im Kreise als Tretmühlensklave eines embryonalen Füllens. Und obendrein lehrte Carl Tiflin ihn melken und gab ihm eine Kuh zur Wartung; von früh bis nachts hatte der Junge zu tun.

Die braune Mutterstute fühlte sich immer zufriedener. Wenn sie an den gilbenden Hängen einherging, schien ihr Maul von seligem Lächeln gekräuselt. Sie verrichtete nur die leichteste Arbeit, und dies mit der ruhigen Herablassung einer Kaiserin. Im Gespann zog sie gleichmäßig gleichgültig. Jody sah täglich nach ihr, musterte sie mit kritischen Blicken, aber ihr Rumpf zeigte nicht die geringste Veränderung.

Eines Nachmittags lehnte Billy Buck die vielzinkige Mistgabel gegen die Stallwand, lockerte seinen Gürtel, stopfte das Hemd tiefer, zog den Gürtel dann wieder stramm, langte sich einen Strohhalm vom Hutband, steckte ihn in den Mundwinkel und verließ langsam den Stall. Jody, der eben mit Doubletreedumm ein Erdeichhörnchen ausgrub, richtete sich bei seinem Anblick auf.

»Komm, wir sehen mal nach, was Nellie macht!« schlug Billy vor, und sogleich war Jody an seiner Seite. Wütend, besessen grub Doubletree weiter, scharfes stoßendes Kläffen schien den nahen Sieg über das Erdhörnchen zu verkünden, doch als weder Jody noch Billy sich um ihn kümmerten, verließ er unwillig knurrend sein Erdloch und lief hinter seinen Herren her. Der wilde Hafer stand reif, jede Ähre neigte sich unter der Last ihrer Frucht, und das Gras war so trocken, daß es beim Vorbeistreifen zischte. Mitten am Hang gewahrten sie Nellie mit Pete, dem eisengrauen Wallach, der friedlich vom Wildhaber naschte. Nellie warf beim Anblick der Herannahenden die Ohren zurück und schlenkerte unwillig trotzig den Kopf. Billy aber griff mit der Hand unter ihre Mähne und strich ihr den Hals. Da beruhigte sie sich, ihre Ohren legten sich wieder nach vorn, und sie beschnupperte seine Hemdärmel.

»Glaubst du, daß sie wirklich ein Füllen bekommt?« fragte Jody.

Da drehte Billy der Stute die Augenlider nach oben, befühlte die Oberlippe, die Brustwarzen. »Sollte mich, weiß der Teufel, nicht wundern!«

»Aber sie hat sich doch in den drei Monaten gar nicht verändert!«

Billy rieb die flache Stirn der Stute, bis sie vor Behagen zu schnauben begann. »Ich hab' es dir ja gesagt, du kannst es nicht abwarten«, sagte er. »Bis du auch nur das mindeste siehst, dauert es fünf Monate, und acht, bis sie wirft, ungefähr Ende Januar!«

»Eine Ewigkeit!« seufzte Jody.

»Und nachher dauert's noch mal zwei Jahre, eh' du drauf reiten kannst.«

»Bis dahin bin ich ja schon erwachsen!« schrie Jody.

»Ja«, tröstete Billy, »bis dahin bist du ein Greis.«

»Was meinst du, was für eine Farbe das Fohlen bekommt?«

»Das weiß kein Mensch. Die Stute rötlichbraun, der Hengst schwarz, da kann das Junge schwarz, rot, braun, grau oder gesprenkelt ausfallen; es hat sogar schon einmal ein schwarzes Muttertier ein weißes Füllen geworfen.«

»Hoffentlich wird es schwarz und ein Hengst.«

»Den müßten wir dann verkaufen; dein Vater duldet keinen Hengst auf dem Hof.«

»Vielleicht doch. Ich könnte ihn schon so erziehen, daß er anständig ist.«

Billy mußte so heftig lächeln, daß ihm das Strohhälmchen aus dem Mundwinkel rutschte. »Wenn du denkst, daß ein Hengst . . .«, skandierte er weise, »sich erziehen läßt, bist du schwer im Irrtum! Immer müssen die Krach machen, und wenn sie den Rappel haben, arbeiten sie nicht; sie machen die Stuten verrückt und vertragen sich nicht mit den Wallachen, sie schlagen gegen sie aus, sie schlagen über die Stränge – nein, einen Hengst erlaubt dir dein Vater auf keinen Fall!«

Nellie erging sich abseits im trockenen Gras. Jody griff nachdenklich in die Gräser, zerrieb einen Halm, warf die geschälten Samenkörner in die Luft, daß sie gefiederten Speeren gleich dahinsegelten. »Sag mir doch, wie es ist, Billy! Ist es so, wie wenn eine Kuh kalbt?«

»Ungefähr. Stuten sind nur etwas empfindlicher; man muß ihnen helfen. Und wenn etwas schiefgeht, muß man . . .« Er stockte.

»Was muß man, Billy?«

»Dann muß man das Ungeborene zerstückeln; sonst geht das Muttertier drauf.«

»Aber bei uns kommt das doch nicht vor, gelt, Billy?«

»Nicht daran zu denken! Nellie hat immer tadellos geworfen.«

»Darf ich dabeisein, Billy? Du mußt mich holen, bestimmt, Billy; es ist mein Fohlen!«

»Sicher. Ich ruf' dich zur Zeit.«

»Und wie geht das dann? Sag doch!«

»Du hast doch schon eine Kuh kalben sehen. Fast grad so. Die Stute stöhnt, strengt sich an, und wenn die Geburt richtig vonstatten geht, kommen erst der Kopf und die Vorderbeine – die stoßen eine Öffnung, grad wie bei den Kälbern. Und das Fohlen fängt an zu leben. Es atmet. Da muß man natürlich dabeisein. Wenn die Füße nicht arbeiten und nicht durchbrechen, so erstickt es ja.«

»Wir werden dasein«, erklärte Jody und schlug sich mit einem Grasbüschel ans Bein, »gelt, Billy?« Sie kehrten um und gingen hinab zum Stall.

Von Angst und Zweifeln gequält, begann Jody zu fragen – er wollte es nicht, aber er konnte nicht anders: »Billy«, begann er kläglich, »dem Füllen darf nichts passieren, gelt, du läßt es nicht zu!«

Und Billy sah, was Jody vor Augen hatte: den roten Ponyhengst Gabilan, wie er gestorben war – erstickt. Billy wußte: bis dahin war er unfehlbar gewesen; nun war er es nicht mehr. Das machte ihn unsicher; er antwortete rauh: »Was weiß ich! Passieren kann immer was; da kann ich nichts dazu, ich kann auch nicht alles!« Sein geschwundenes Ansehen bedrückte ihn, aber er ließ es sich nicht anmerken, er schrie barsch: »Ich werde mein möglichstes tun, aber ich kann nichts versprechen. Nellie ist eine gute Stute, hat bisher gute Füllen geworfen, das soll sie halt diesmal auch!« Damit entfernte er sich von Jody und ging in den Sattelraum beim Stall. Er war im tiefsten verletzt.

Jody stieg oft zur Buschreihe hinter dem Hause empor. Dort, wo das fließende Wasser, den Zuberrand überflutend, die Erde tränkte, zog sich das Gras in immer grünendem Kranz um den Brunnen. Selbst wenn alle Hügel in weiter Runde braun und verbrannt in der Sonnenglut lagen, hier war es grün und kühl, und das Wasser sprang und sang während des ganzen Jahres. Hier sprudelte Jodys Lebensquelle. Wenn er bestraft worden war und litt, besänftigte ihn der Gesang des Wassers, das Grün; alles Bittere, Beißende löste sich auf. Die Gemeinheit schwand, wenn er im Grase lag und dem fallenden Strahl lauschte. Schranken, die sich in seinem jungen Sinn aufgerichtet, sanken zusammen.

Aber der Gegenpol seines Daseins und ihm so zuwider, wie ihm der Brunnen anziehend war, lag beim Bunkhaus: die dunkle Zypresse. Denn hierher mußte früher oder später alles, was auf der Farm geschlachtet wurde. Schweineschlachten war wohl ein Fest, aber das Quieken, das Schreien, das stürzende Blut ließ Jodys Herz fast zerspringen. Wenn die geschlachteten Tiere im großen schwarzen dreibeinigen Kessel abgebrüht und ihre Haut abgeschabt wurde, trieb es Jody immer zu seinem Brunnentrog, wo er blieb, bis sich sein Herz beruhigte. Der grüne Holzzuber und die schwarze Zypresse blieben einander feind.

Nachdem ihn Billy, beleidigt und wütend, verlassen hatte, war Jody ganz in Gedanken an Nellie und das kleine Füllen weitergegangen und plötzlich bei der Zypresse angelangt – grad unter dem abscheulichen Blutbalken, an dem man die Schlachtopfer aufhing! Nein, er wollte an dieser Stätte nicht an sein Füllen denken, besonders jetzt nicht, nach allem, was er von Billy gehört hatte. Er mußte der üblen Vorbedeutung durch etwas Gutes entgegenwirken. Rasch rannte er am Farmhaus vorbei durch die Gemüsepflanzung in den bergenden Schutz seiner Buschreihe. Dort kauerte er sich in das saftige Gras, blickte über die Häuser der Farm zu den sanften Hügeln, die rings, reich an Frucht, gelb in der Sonne lagen, und sah Nellie auf ihrer Trift. Der Sang des Wassers, der Zauber des Ortes ließen Zeit und Raum schwinden, und Jody sah im Geist ein schwarzes, langbeiniges Füllen, das sich hungrig, nach Milch verlangend, an Nellies Seite drängte. Und dann sieht er sich selbst, wie er das Füllen – es ist tüchtig gewachsen – an den Halfter nimmt und es bändigt. Und es wächst immer herrlicher, schon ist sein Hals so hoch und gewölbt wie der des Zuchthengstes Sundog, sein Schweif lodert wie eine schwarze Flamme. Furchterregend ist dieses Roß für alle, nur nicht für Jody. Im Schulhof bettelten alle seine Mitschüler, einmal reiten zu dürfen; mit gnädigem Lächeln ließ er es zu. Kaum aber ist einer aufgesessen, als ihn der schwarze Dämon schon abwirft. Ja, das ist sein Name: Der schwarze Dämon! Einen Augenblick ist das singende Wasser, das saftige Gras, der Sonnenschein wieder da, und dann ...

Manchmal zur Nachtzeit hören die Rancher ringsum in ihren warmen Betten das Dröhnen vorüberdonnernder Hufe. »'s ist Jody auf seinem Dämon«, sagen sie dann, »er hilft wieder einmal dem Sheriff.« Und dann ...

In der Arena von Salinas ist die Luft voll goldenen Staubes. Der Ausrufer ruft in die Schranken zum Stierkampf. Als aber Jody auf seinem Rappen in die Manege sprengt, überlassen die Mitkämpfer ihm willig den ersten Platz; es ist ja bekannt: Jody und Dämon bezwingen den Stier rascher, erledigen ihn gründlicher als eine ganze Mannschaft. Jody ist ja kein Knabe mehr, und Dämon ist mehr als ein Pferd. Die zwei sind ein ruhmreiches Ganzes. Und dann ...

Vom Präsidenten der Vereinigten Staaten ist ein Brief angelangt, Jody soll helfen, den Weltfeind zu fangen, der drüben in den Wäldern und Bergen sich schmählich verbirgt. Jody im Gras ist bereit. Der Wasserstrahl in dem moosigen Holzzuber singt ihm das Siegeslied.

Langsam rückt das Jahr weiter vor. Es gab Tage und Wochen, da Jody all seine Hoffnungen auf das ersehnte Füllen aufgab. An Nellies Aussehen hatte sich nichts verändert. Noch spannte Carl Tiflin sie vor das leichte Fuhrwerk. Sie zog die Harkmaschine, und als das Heu eingebracht war, ging sie im Frondienst des Jackson-Preßpackers.

Der Sommer schied, und der warme strahlende Herbst ging dahin. Leidenschaftliche Morgenwinde wirbelten über die Felder; Frost erfüllte die Luft. Eichen und Gifteschen wurden rot.

An einem Septembermorgen rief Jodys Mutter ihn in die Küche. Sie schüttete kochendes Wasser in einen Eimer mit trockenem Gemisch, bis ein dampfender Brei daraus wurde.

»Ja, Ma?« fragte Jody.

»Sieh genau zu, Jody! Das hast du jetzt jeden Morgen zu tun.«

»Was soll das geben?«

»Ein warmes Mischfutter für Nellie. Das hält sie in Form.«

Jody rieb sich die Stirn. »Ja, ist sie denn soweit?«

Die Mutter stellte den Wasserkessel ab und rührte das Futtergemisch mit einem Holzlöffel um. »Natürlich, warum denn nicht? Aber du mußt dich von nun an mehr um sie kümmern. Hier! Das bringst du ihr jetzt zum Morgenessen!«

Jody packte den Eimer und lief damit am Bunkhaus vorbei, an der Stallung vorüber. Der schwere Eimer schlug ihm gegen die Knie. Er fand Nellie bei der Tränke, wo sie munter im Wasser herumspielte, mit dem Kopf hineinpatschte, daß es Wellen gab, der Trog überlief und sich das Wasser bis zum Grunde trübte.

Jody kletterte über den Zaun, stellte den dampfenden Mischmasch neben sie und trat dann ein paar Schritte zurück, um sie genau anzusehen. Sie war verändert. Ihr Bauch war geschwollen, die Hufe setzte sie vorsichtig, sanft. Sie steckte die Nase in den Eimer und verschlang gierig das heiße Frühmahl. Als sie damit fertig war, stieß sie den leeren Eimer mit der Nase auf dem Boden herum, ging dann zu Jody herüber und rieb ihre Wange an ihm.

Billy Buck kam aus dem Sattelraum herüber. »Wenn es erst anfängt, siehst du, dann kommt's gleich richtig!«

»Wie ist das denn auf einmal gekommen?«

»Du hast halt eine Zeitlang nicht nachgesehen.« Er drehte den Kopf der Stute, damit Jody sie besser sehen könne. »Hübsch ist sie geworden. Sieh nur, wie schön ihre Augen sind! Manche werden wüst. Aber wenn sie hübsch werden, sind sie auch freundlich.« Nellie steckte den Kopf unter Billys Arm und rieb ihren Hals an ihm zwischen Arm und Rippen.

»Du wirst jetzt auch schrecklich nett zu ihr sein«, riet Billy.

»Wie lange kann es noch dauern?« erkundigte Jody sich atemlos.

Billy begann halblaut an den Fingern zu rechnen. »Etwa drei Monate noch«, verkündete er das Ergebnis. »Aufs Haar genau läßt es sich nicht sagen. Manchmal sind's auf den Tag elf Monate; es kann aber ebensogut zwei Wochen früher sein oder ein Monat später; das macht nichts.«

Jody starrte zu Boden. »Billy«, bat er erregt, »du rufst mich, wenn es losgeht, gelt? Du läßt mich dabeisein, ja?«

Billy biß mit den Vorderzähnen freundlich in Nellies Ohr. »Carl sagt, er will, daß du von Anfang an dabei bist. Das ist die einzige Art, um Pferdeverstand zu bekommen. Vom Reden lernst du nie alles. So hat es mein Alter auch mit mir gemacht ... mit der Satteldecke! Wie ich so alt war wie du, da war er bei der Verwaltung als Packknecht und hatte ein Lasttier zu führen. Einmal, da hab' ich in meiner Satteldecke eine Falte gelassen, und das Tier ist davon wund geworden. Mein Alter hat mir keinen Krach gemacht, nein! Aber am folgenden Morgen hat er mich gesattelt: einen vierzig Pfund schweren Packsattel hat er mir aufgeschnallt, und dann mußte ich mein Pferd in der prallen Sonne über einen verdammten Berg hinüberführen, den Sattel immerzu auf dem

Buckel! Die Strafe hat mich fast umgebracht. Aber in meinem ganzen Leben hab' ich nie wieder auch nur das kleinste Fältchen im Woilch gelassen. Denn jedesmal, wenn ich eine Decke auflege, spür' ich den Sattel auf meinem Buckel.«

Jody griff zärtlich in Nellies Mähne. »Du sagst mir alles, was ich zu tun habe, gelt? Du verstehst doch soviel von Pferden!«

Bill lachte: »Ja, weißt du, ich bin halt selbst so ein halbes Pferd! Meine Ma ist bei meiner Geburt gestorben, und wo doch mein Alter damals im Gebirg Packknecht bei der Verwaltung war, und weit und breit gab es damals keine Milchkuh, da haben sie mich mit Stutenmilch aufgesäugt.« Er blickte ernst. »Das wissen die Pferde«, sagte er leise. »Weißt du es, Nellie?«

Die Mutterstute wandte den Kopf nach ihm und sah ihm einen Augenblick voll in die Augen. Das ist etwas, was Pferde sonst nie tun, und Billy empfand es als Auszeichnung. Er fühlte sich wieder sicher. Er prahlte sogar ein wenig. »Ich sorge dafür, daß du ein gutes Füllen bekommst; ich lerne dich an, und wenn du alles so machst, wie ich dir sage, hast du das beste Pferd im ganzen Land.«

Da fühlte auch Jody sich gehoben; eine Wärme umfing ihn, und als er sich nach Hause begab, ging er wie ein alter Cowboy mit gekrümmten Beinen und schwingenden Schultern. »Huah, du schwarzer Dämon«, flüsterte er, »geh mir nicht in die Luft, immer die Füße am Boden!«

Mit Macht brach der Winter herein. Einige Regenschauer als Vorboten, dann anhaltender starker Regen. Die Hügel verloren ihre Strohfarbe und wurden vor Nässe schwarz. Reißend strömten die Winterflüsse duch alle Canyons. Staubschwämme und Pilze schossen auf. Das junge Gras erschien schon vor Weihnachten.

In diesem Jahr war das Weihnachtsfest für Jody nicht mehr die Hauptsache. Ein noch nicht bestimmter Januar war der Drehpunkt, um den die Monate kreisten. Sobald es regnete, zog er Nellie in ihre Box, brachte jeden Morgen ihr warmes Futter und bürstete und striegelte sie.

Das Muttertier wurde so dick, daß Jody in Angst geriet. »Sie platzt«, sagte er aufgeregt zu Billy.

Da legte dieser seine kantigen Hände an Nellies Rumpf und äußerte ruhig: »Fühl hier! Du fühlst, wie es sich bewegt. Das wäre eine Überraschung, wenn es Zwillinge gäbe!«

»Meinst du?« schrie Jody auf. »Es gibt Zwillinge?«

»Ich weiß nicht recht. Es ist schon vorgekommen.«

Während der ersten zwei Januarwochen regnete es immerzu. Wenn er nicht in der Schule war, befand sich der Junge fast immer im Stand bei Nellie, legte ihr Dutzende Male die Hand an den Bauch und fühlte, wie das Füllen sich bewegte. Nellie wurde zu ihm immer sanfter und freundlicher, rieb ihre Nüstern an ihm, und wenn er den Stall betrat, wieherte sie.

Eines Tages kam Carl Tiflin mit Jody, musterte voll Bewunderung das gepflegte rotbraune Fell und betastete das feste Fleisch über Rippen und Schulterblatt. »Du hast gut gearbeitet«, lobte er; es war die höchste Anerkennung, die es bei ihm gab, Jody war noch Stunden danach von Stolz geschwellt.

Der fünfzehnte Januar kam. Das Füllen war nicht geboren. Der zwanzigste Januar kam, und in Jodys Magen bildete sich ein Klumpen Angst. »Ist das in Ordnung?« fragte er Billy.

»Sicher.«

Und abermals: »Bist du sicher, Billy, daß es so richtig ist?«

Billy klopfte den Nacken der Stute. Ihr Kopf wandte sich schwerfällig. »Ich hab' dir gesagt, es ist nicht immer dieselbe Zeit. Da heißt es abwarten.«

Als der Monat ohne Geburt zu Ende ging, war Jody entsetzt. Nellie war furchtbar dick; ihr Atem ging schwer, ihre Ohren standen steil und dicht beieinander. Man hatte den Eindruck, der Kopf tue ihr weh. Jody schlief nur noch unruhig und träumte viel wirres Zeug.

Am zweiten Februar wachte er nachts mit einem Schrei

auf. »Du hast geträumt, Jody«, rief ihn die Mutter an. »Wach auf! Geh nur hinüber!«

Beklommen, in Angst lag Jody einige Sekunden und wartete, bis sich die Mutter wieder hingelegt hatte. Dann zog er sich an und kroch barfuß hinaus.

Die Nacht war schwarz und dick von Dunst. Dünner Regen fiel. Bunkhaus und Zypresse entstiegen undeutlich drohend dem Nebel und sanken wieder zurück in die finstere Nässe. Das Stalltor knarrte beim Öffnen; bei Tag tat es das nie. Jody nahm die Laterne und Wachszündhölzer vom Brett, machte Licht und ging durch den langen Mittelgang zu Nellies Stand.

Sie stand aufrecht, aber ihr Leib schwankte von einer Wand zur andern. Er rief sie an: »So-o, Nellie, so-o, so-o, Nellie!« Sie sah sich nicht um, und ihr Schwanken hörte nicht auf. Er trat in die Box, streichelte ihr den Bug und fühlte ihr schauerndes Beben. Vom Heuboden über dem Stall drang Billys Stimme herunter: »Nellie, was machst du?«

Jody trat ein paar Schritte zurück und warf einen Jammerblick durch das Loch nach Billys Nachtlager.

»Denkst du, sie ist so recht?«

»Warum? Sicher denk' ich's.«

»Du wolltest doch, daß kein Unglück geschieht, Billy. Weißt du genau . . .«

»Ich hab' dir gesagt, ich ruf' dich, und das werde ich. Geh schlafen, mach mir die Stute nicht unruhig. Sie hat schon genug zu schaffen, auch ohne daß du sie aufregst!«

Jody war zusammengezuckt. So hatte ihn Billy noch nie angefahren. »Ich wollte nur einmal nachsehen«, entschuldigte er sich. »Ich bin aufgewacht.«

»Schön«, kam es ruhiger von oben, »geh nur wieder zu Bett! Du brauchst dich nicht zu beunruhigen. Ich habe dir ein gutes Füllen versprochen, das sollst du haben, aber jetzt geh!«

Langsam verließ der Junge den Stall, blies die Laterne aus und stellte sie wieder an ihren Platz.

Die Schwärze der Nacht und der neblige Frost stießen nach ihm und schlossen ihn ein. So gern hätte er alles geglaubt, was Billy ihm sagte, so wie er es vor dem Sterben des Ponys geglaubt. Aber vorhin, dort in der verlassenen Box, im Vorübergehen, im schwachen Seitenlicht der Laterne hatte er Gabilan stehen gesehn . . .

Über dem naßkalten Boden froren die bloßen Füße. In der Zypresse kollerte aufgeschreckt das Truthühnervolk; die beiden Wachhunde antworteten pflichtgemäß, kamen aus ihren Hütten gekrochen und bellten, um räubernde Kojoten in die Flucht zu schlagen.

Als er durch die Küche schlich, stieß Jody an einen Stuhl. »Wer da?« rief Tiflin vom Schlafzimmer her. »Was ist los?« Und seine Frau fragte schläfrig: »Was hast du, Carl?« Doch da war dieser schon auf den Beinen und kam mit einer brennenden Kerze heraus. »Was hast du draußen zu suchen?« fragte er Jody, der eben zu Bett gehen wollte.

Scheu wandte Jody sich ab. »Ich war drüben . . . nach der Stute sehen.«

Verdruß über die nächtliche Störung kämpfte in Vater Tiflin mit einer Genugtuung über den Pflichteifer des jüngsten Tag- und Nachtlöhners ohne Lohn. »Höre«, sagte er schließlich, »in unserer ganzen Gegend ist niemand, der soviel von Füllen versteht wie Billy. Überlaß das nur ihm!«

»Aber der Pony ist trotzdem gestorben«, brach es aus Jody hervor.

»Das darfst du ihm nicht vorwerfen«, gab Carl streng zurück. »Wenn Billy ein Pferd nicht retten kann, ist es nicht mehr zu retten.«

»Mach ihm Beine, er soll ins Bett!« rief die Mutter, »sonst schläft er morgen wieder den ganzen Tag.«

Es war Jody, als habe er grad erst die Augen zugemacht und versucht einzuschlafen, da wurde er rauh an der Schulter gerüttelt. Beim Bett stand Billy mit einer Laterne. »Auf! Los!

Eil dich!« Und schon war er wieder draußen. – »Was ist?« rief die Frau hinter ihm drein. »Bist du es, Billy?«

»Ja, Ma'am.«

»Ist Nellie soweit?«

»Ja, Ma'am«, kam es von fern.

»Gut, ich mach Wasser heiß; du wirst es wohl brauchen.«

Jody sprang in seine Kleider und war so rasch aus der Hintertür, daß er Billys Laterne noch auf der ersten Hälfte des Weges zum Stall pendeln sah. An den Berggipfeln zeigte sich ein erster Streif Frühdämmerung, doch in der Senke der Farm war noch kein Schimmer Licht. Wild jagte Jody hinter der Laterne her. Am Stall holte er Billy ein. Der hing die Stallaterne an die Wand und warf seinen Rock ab. Darunter trug er ein ärmelloses Hemd.

Nellie stand starr und steif. Nun krümmte sie sich. Ihr Leib wand sich in Krämpfen; sie gingen vorüber, setzten aber nach wenigen Augenblicken abermals ein und gingen vorüber.

»Da stimmt etwas nicht«, stammelte Billy erregt. Seine Hand verschwand in dem aufgetriebenen Leib. »Jesus«, lallte er unbewußt, »mein Gott, es liegt schief.«

Wieder ein Krampf. Billy arbeitete angestrengt; an seinen Schultern und Armen sprangen die Muskeln hervor.

Er hob, keuchte; dicke Schweißperlen standen an seiner Stirn. Nellie schrie laut. »Es liegt verkehrt«, stammelte Billy, »ich krieg's nicht herum, ich kann es nicht drehn, es liegt verkehrt, es hat sich verkehrt gelegt.«

Wild starrte er auf Jody. Dann nimmt er mit den Händen eine sehr genaue Untersuchung vor. Sein Gesicht ist grau. Hart und spitz stehen die Backenknochen hervor. Prüfend, fragend sieht er einen Augenblick, der endlos erscheint, auf den Knaben, der an die Stallwand gepreßt steht.

Dann schreitet er zum Düngerfenster und ergreift mit der nassen Rechten den Hammer, mit dem er sonst die Pferde beschlägt.

»Jody, geh raus!«

Jody steht reglos, starrt ihm betäubt ins Gesicht.

»Hinaus, sag' ich dir; sonst ist es zu spät!«

Jody regt sich nicht.

Mit einem Satz ist Billy bei Nellies Kopf. »Dreh dich um!« schreit er, »verflucht noch einmal, dreh dich weg!«

Jetzt gehorcht Jody, wendet den Kopf zur Seite. Er hört aus der Box Billys heiseres Flüstern, ein hohles schmetterndes Krachen, Knochengesplitter, den schrillen Todesschrei Nellies. Er hat sich umgewandt, sieht den erhobenen Hammer nochmals auf die flache Pferdestirn niedersausen. Nellie fällt schwer auf die Flanke, zuckt noch einmal. Billy stürzt sich auf den geschwollenen Bauch, in der Hand sein Messer.

Er schält die Haut herunter, senkt die große Klinge tief in den prallen Bauch, sägt, schneidet, reißt auf. Die Luft ist voll von üblen Gerüchen warmer lebender Eingeweide.

Die andern Pferde bäumen sich hoch, reißen an ihren Halteketten, stampfen und schlagen aus.

Billy wirft das Messer beiseite. Mit beiden Armen taucht er in die furchtbar zerfetzte Öffnung hinab und hebt ein großes, weißes, tropfendes Bündel heraus. Seine Zähne reißen in die Umhüllung ein Loch.

Aus dem Riß schaut ein schwarzer Kopf, schauen kleine, glatte, feuchte Ohren hervor. Ein gurgelnder Atemzug weht, jetzt ein zweiter. Billy schüttelt den Sack ab, greift wieder zum Messer und durchschneidet die Nabelschnur. In seinen Armen hält er das kleine schwarze Füllen. Einen Augenblick sieht er es an. Dann geht er langsam hinüber und legt es vor Jodys Füße ins Stroh.

Billys Arme, Brust und Gesicht triefen rot. Sein Leib bebt; seine Zähne klappern. Er hat keine Stimme mehr. Er kann nur noch flüstern: »Da ist dein Füllen. Ich hab's versprochen. Da ist es. Ich mußte, mußte.« Er hält inne, sieht über die Schulter zur Box. »Hol heißes Wasser und einen Schwamm«, haucht er heiser. »Wasch ihn und trockne ihn so, wie es seine Mutter getan hätte! Du mußt ihn mit der Hand füttern. Es ist dein Füllen; ich habe es dir versprochen.«

Jody starrt stumpf auf das nasse, heftig atmende Füllen. Es reckt das Kinn, sucht den Kopf zu heben.

»Gottverdammich«, krächzt Billy, »wirst du wohl endlich das Wasser holen! Wird's bald!«

Da wendet sich Jody und taumelt hinaus in den dämmernden Morgen. Kehle, Leib, alle Glieder schmerzen; seine Beine sind steif und schwer. Er möchte sich freuen; er hat sein Fohlen. Doch vor ihm im Grauen steht Billy Bucks mit blutbespritztem Gesicht und besessenen, todmüden Augen.

Elisabeth Castonier

Fairy Queen und Ma Belle

Jane rief mich vom Markt an und sagte: »Stell mein Essen warm – ich komme etwas später!«

»Warum?«

Sie zögerte:

»Ach, da ist was Weißes mit grauen Tupfen – ich glaube, ich kann es billig bekommen.« Und hängte ein, ehe ich fragen konnte, was sie kaufen wollte.

Eine Stunde später rollte ein Viehtransportwagen den Weg herunter in den Hof und hinterher Jane im alten Auto.

Sie nahm keine Notiz von mir, sondern stieg aus, öffnete die Türen des Transportwagens und ließ die Rampe nieder. Und da stand, riesengroß und schimmernd weiß, mit grauen Tupfen, eine Schimmelstute. Sie warf den Kopf zurück und wieherte leise, und als Jane »come on, my girl!« sagte und sie am Halfter in den Stall führte, kam sie folgsam mit, trotz ihrer Größe elegant-elastisch schreitend, fast wie im spanischen Schritt. Der Transportwagen rollte davon, und Jane sagte:

»Ich wollte schon immer Schimmel auf der Wiese grasen sehen – es macht einen wohlhabenden Eindruck. Wie wollen wir sie nennen?«

Ich sah die märchenhaft Schöne an, die eigentlich einen goldenen Schlitten mit einer Prinzessin hätte fahren sollen, und sagte:

»Fairy Queen«, denn trotz ihrer Größe hatte sie etwas Feenhaftes.

Jane blickte sie nachdenklich an:

»Es wird nicht leicht sein, einen zweiten Schimmel in ihrer Größe zu finden. Es muß ein Paar sein. Ein Schimmel allein ist zu kümmerlich. Aber ein Paar –«, sagte sie träumerisch. Vielleicht dachte sie an ihre früheste Jugend, als sie mit ihrem berühmten Jagdpferd Joy Ride hinter dem Fuchs hergejagt war.

Obwohl viel auf der Farm zu tun war, beschäftigte sie der Gedanke, einen Gefährten für Fairy Queen zu bekommen.

Es war Herbst; die Ernte war mittelgut gewesen, Fairy Queen graste teils auf der Wiese beim Haus und neckte die schwarzen Schafe, teils stand sie im Stall, der seltsam klein erschien, und wieherte leise nach Extrahafer. Oder sie zog den zweirädigen Karren, Jane neben sich.

Niemand außer ihr durfte sie anschirren oder lenken. Bald stand das Auto wie ein auf dem Müllhaufen vergessenes Gerät untätig neben dem ebenso untätigen Mühlrad. Denn Jane fuhr jetzt mit Fairy Queen auf den Markt, eine Bulldogge neben sich auf dem Sitz, Bimbo hinten zwischen Wasserkresse, Eierkörben oder Ferkeln. Es war ihr gleichgültig, daß der Karren wacklig, daß die Farbe verblichen, daß das Geschirr nicht sehr schön war, denn über Fairy Queen selbst lag ein feenhafter Glanz, der ihren Namen bestätigte.

Eines Tages erklärte Jane, sie müsse nach London fahren, und fragte nur so nebenbei, ob ich mitkommen wolle.

Ich hatte keine Zeit und war erstaunt, daß sie fort wollte.

»Ich muß einen zweiten Schimmel bekommen, heute ist große Pferdeauktion«, und sie zog ihre alten Reithosen, ein uraltes Jackett, ihre hohen Stiefel an und verschwand.

Gegen Abend rief sie vom Bahnhof aus an. Unser Bahnhof bestand aus einer hölzernen Hütte, einer Laterne und einer Bank, auf der niemand sitzen konnte, weil sie nur drei Beine hatte.

»Ich habe etwas Weißes mit Grau gefunden – ich glaube, es ist etwas größer als Fairy Queen«, sagte sie erregt. Es kam nicht oft vor, daß Jane erregt war. Auch hier handelte es sich um ein Pferd, und Jane ist Engländerin.

Ich fuhr zum Bahnhof. Ein Viehwagen war aufs Nebengleis geschoben worden, und da war Jane zu sehen, etwas staubig, mit Heu auf der alten braunen Mütze, etwas rot im

Gesicht, aber stolz. Und im Waggon stand ein riesenhafter Schimmel mit einem wunderbaren Kopf, sehr scheu, sehr unruhig.

Der Bahnhofsvorstand, Schaffner, Telefonist, Träger und Weichensteller in einer Person, dessen Garten oft preisgekrönt wurde – denn zwischen den wenigen Zügen blieb ihm reichlich Zeit für seine Gärtnerei –, sagte zögernd:

»Na, ich weiß nicht – ob Sie die sicher nach Haus bringen, Miß. Die ist ja so aufgeregt.«

Jane erwiderte:

»Ich habe sie durch London geführt, der Strick war etwas morsch – aber schließlich sind wir gut auf dem Bahnhof gelandet.«

»Muß ja Aufsehen erregt haben«, meinte Mr. Bolton.

Jane lächelte flüchtig:

»Ja, ein Kerl rief mir zu: ›Hallo, da sind aber zwei hübsche Mädchen!‹«

Und ein wenig verlegen fügte sie hinzu:

»Alle Menschen waren so rücksichtsvoll – die Autos hielten an, sogar der Autobus, als ich sie über Piccadilly und durch Oxford Street führte.«

Dann wurde die Neue ausgeladen.

Sie war wirklich riesengroß. Und offenbar war ihr das Land unbekannt, denn sie war bestürzt, als sie auf die Weide geführt wurde.

Jane sagte, sie hätte bisher einen Lastwagen in London gezogen – wahrscheinlich wäre sie bei einem Luftangriff verwundet worden, denn sie hätte Narben auf dem Rücken und wäre außerordentlich scheu.

»Deshalb hat man sie auch billig versteigert«, fügte sie hinzu.

Die beiden Pferde mußten einander bekannt gemacht werden, sachgemäß, wie es sich gehört, mit einem Zaun zwischen sich.

Zuerst war Fairy Queen zutiefst erregt über die Gefährtin.

Aber bald gewöhnte sie sich.

Wir nannten die Neue Ma Belle, weil sie so schön war; doch bald wurde das von Knecht und Schweizer in »Mabel« umgewandelt.

Als Jane sie das erstemal einspannte, gab es ein Unglück. Ma Belle bäumte sich auf, zerkeilte den morschen Karren und konnte nur mit Mühe gebändigt werden. Knecht, Schweizer, Taglöhner und Old Hand standen in sicherer Entfernung, während Jane sie wie eine Tierbändigerin mit unerschütterlicher Ruhe und vielen »woo, old girl!« beruhigte, in den Stall brachte und fütterte. Jeden Tag wurde Ma Belle wieder zum Wagen geführt, eingespannt, beruhigt, bis sie endlich erfaßt hatte, daß ihr keine Gefahr und kein Schmerz drohten, denn offensichtlich war ihr etwas zugestoßen, während sie eingespannt worden war.

Die beiden Schimmelstuten befreundeten sich rasch – wenn die eine aus dem Stall geführt wurde, wieherte die andere laut nach ihr. Aber es war Ma Belle, die erregter war, wenn man sie allein ließ. Daß Fairy Queens Liebe für die ältere Gefährtin tiefer saß, als wir vermuteten, erfuhren wir erst auf tragische Weise, nach vielen Jahren. Es war wirklich ein schöner Anblick, wenn die Schimmel auf der Wiese grasten, im Bach wateten, zu uns herüber wieherten, zum Zaun kamen, um dort auf Brot oder Äpfel zu warten – oder auf Karotten, je nach Jahreszeit. Das Gespann, mit Jane in blauen Leinenhosen und brauner Baskenmütze, mit Bulldogge und Schäferhund, war bald eine stadtbekannte Erscheinung. Einmal kam sogar ein langer, dünner, sehr blasser Mann und bat, ob er sie mit den Schimmeln pflügend fotografieren dürfe – für einen landwirtschaftlichen Kalender.

Im mehrsprachigen Text berichtete er dann von der tiefen Freundschaft der beiden Pferde, die Jane eines Tages entdeckt hatte, als sie frühmorgens den Stall betrat: da stand Ma Belle in Fairy Queens Box dicht neben der Freundin. Die beiden standen sehr still; nur ihre Ohren bewegten sich leise. Sie standen in völliger Eintracht und Harmonie und nahmen keine Notiz von Jane. »Vielleicht erzählt Ma Belle jetzt

Fairy Queen, was ihr damals in London passiert ist und wie ihre Narben entstanden«, sagte Jane nachdenklich. Und als Ma Belle immer wieder ihre Halfter abstreifte, um sich in Fairy Queens Stall zu zwängen, sagte sie eines Tages:

»Sie sind beide glücklich hier. Sie dürfen nie verkauft oder getrennt werden . . .«

Kleine Anzeige

Wir ließen diese kleine Anzeige in unser Lokalblatt einsetzen:

»Schimmelstute gesetzten Alters, jedoch rüstig und überaus temperamentvoll, sucht dringend gleichgesinnte Gefährtin. Bei gegenseitigem Gefallen vorteilhafte Möglichkeit für gemeinsame Weide«, dann folgten unsere Adresse und Telefonnummer.

In England kann man dergleichen Inserate unbesorgt aufgeben, ohne ausgelacht zu werden, denn die Tierliebe hört nur auf, wenn es sich um Sport handelt, sonst ist sie unbegrenzt.

Fairy Queen, die Schimmelstute, hatte ihre alte Freundin, die Schimmelstute Ma Belle, verloren, denn es gibt leider keine unsterblichen irdischen Tiere.

Fairy Queen trauerte untröstlich um sie.

Sie wartete, sie wieherte, sie blickte uns fragend an, wenn wir in den Stall kamen, Wochen nachdem der große Wagen mit der toten Gefährtin fortgefahren war. Sie war so verzweifelt, daß sie sogar den geliebten Apfel ablehnte und ihre Haferration nur verächtlich anblies, ohne sie anzurühren.

Leise wiehernd stand sie im Stall oder wanderte unruhig suchend auf der Weide herum. Wenn sie von irgendwoher eine Pferdestimme oder das Geräusch von Hufen hörte, blieb sie wie angewurzelt stehen, hob den edlen Kopf und wieherte schrill, als ob es Frühling wäre.

Am Tag, da die Anzeige erschien, erfolgten bereits mehrere Anrufe. Die Leute boten teils alte Kinderponys, teils pensionierte Renn- oder Jagdpferde an, aber nicht das, was wir für Fairy Queen haben wollten: eine Schimmelstute, die Ma Belle ähnelte, soweit man etwas Gutes überhaupt ersetzen kann.

Spätabends telefonierte eine Dame und erkundigte sich, ob wir vielleicht eine Eselin in Betracht ziehen würden. Sie wäre klug, sehr ruhig, etwa fünfundzwanzig Jahre alt, und da ihre Tochter im Internat sei, fühle sie sich vereinsamt.

»Ginny ist silbergrau, mit einem dunklen Kreuz auf dem Rücken. Sie wissen ja, daß alle Esel dieses Kreuz auf dem Rücken tragen, zur Erinnerung an den Tag, da unser Erlöser seinen Einzug in Jerusalem auf einer Eselin gehalten hat«, fügte sie hinzu.

Jane meinte, es würde die Trauernde vielleicht auf andere Gedanken bringen, wenn mit einem Mal etwas Ungewohntes im Stall stünde. Und so holten wir Ginny für eine Woche zur Probe am nächsten Tag ab. Sie war wirklich eine sichtlich betagte Eselin, geruhsam, schon altersmüde, mit zwar silbergrauem, jedoch schon ein wenig schäbigem Fell. Aber sie hatte große, schimmernd dunkle, sentimentale Augen und ging folgsam am Strick mit uns. Nur vor dem Stall begann sie zu bocken und mußte mit Karotten zum Eintritt gelockt werden. Wir stellten sie in Ma Belles Box, neben Fairy Queen.

Vielleicht war es taktlos von uns, dies zu tun. Außerdem war Fairy Queen besonders erregt, weil sie schon so lange nichts Richtiges gefressen, nur lustlos an Grashalmen gezupft hatte, als wolle sie sagen: Ich blas' auf alles.

Sie gab einen ärgerlichen Laut von sich, beugte sich über die trennende Holzwand, bleckte wütend die Zähne, legte die Ohren zurück und hätte Ginny gebissen, wenn sie sie erreicht hätte. Sie, die sonst nur schön und sanft war, verwandelte sich in ein apokalyptisches Pferd, auf dem Luzifer durch das All geritten war.

Sie scharrte, sie stampfte, sie versuchte sich loszureißen,

versuchte die trennende Wand zu zertrümmern, während Ginny bloß sanftmütig-erstaunt auf die Erboste blickte, um schließlich melancholisch i-ah zu seufzen.

Dies erregte Fairy Queen noch mehr.

Und schließlich mußten wir Ginny in einem anderen Stall unterbringen, und am nächsten Tag führten wir sie zu ihrer Besitzerin zurück. Später bekamen wir eine Schimmelstute von einem Tierfreund. Aber Fairy Queen lehnte auch sie beharrlich als Freundin ab. Wohl duldete sie sie bei der Arbeit, aber sonst nahm sie keine Notiz von ihr.

Freundschaft mit einem Ma-Belle-Ersatz? Nein! Sie blieb Ma Belle treu bis in den eigenen Tod. Und wenn sie sich auch mit der Zeit beruhigte, so wieherte sie jedesmal erregt, wenn sie Pferdehufe hörte oder die Stimme eines anderen Pferdes, denn sie gab nie die Hoffnung auf, die alte Freundin doch wiederzufinden.

Sie beschämte uns Menschen, die wir so leicht und so schnell vergessen.

Judah Waten

Vaters Pferde

Vater erlebte mit seinen Pferden nichts als Scherereien. Bis er Ginger, den großen Fuchswallach, erstand, hatte es mit jedem von ihnen irgendeinen Haken. Aber die meisten sahen gut aus; denn wie es Männer gibt, die auf jede hübsche Frau hereinfallen, so konnte Vater, glaube ich, keinem schönen Pferd widerstehen, selbst wenn man ihn davor warnte.

Da hatten wir zum Beispiel Prinz, den Vater auf dem Roßmarkt eingehandelt hatte; eine eindrucksvolle Erscheinung vor unserem Federwagen. Sein seidiges schwarzes Fell, die weißbestrumpften Beine und die Blesse auf der Stirn unterschieden ihn von jedem anderen Pferd in der Nachbarschaft. Prinz war früher ein Rennpferd gewesen, und er konnte nichts dafür, daß er nun der Karrengaul eines Flaschensammlers war und nicht ein Star der Rennbahn. Ein Trainer und ein Jockey hatten Schande über ihn gebracht, und er war für immer vom Rennen ausgeschlossen worden. Vater konnte sich das Vergnügen nicht versagen, jedermann von der großen Vergangenheit seines Pferdes zu erzählen, und wenn er seine Geschichten über Prinz auspackte, mußte sogar Mutter zuhören.

Aber solange Vater Prinz hatte, begannen seine Sorgen schon in aller Frühe, sobald er sich auf seine Flaschenrunde machte. Ob dazu aufgefordert oder nicht, der Gaul fiel in einen flotten Trab und – was noch schlimmer war – blieb nie stehen, wo Vater halten wollte. Vater schrie und schimpfte in allen Sprachen, die ihm zu Gebote standen, und riß aus Leibeskräften an den Zügeln, aber Prinz hörte noch immer das Echo donnernder Hufe und trabte weit über jede Haltestelle hinaus.

Wenn Vater ihn dann endlich zum Stehen gebracht hatte, mußte er zusehen, daß er schleunigst in den Hinterhöfen seine leeren Flaschen einsammelte und zum Wagen zurückbrachte, denn Prinz hatte die Gewohnheit, sich plötzlich in Gang zu setzen, so daß Vater gerade noch mit Ach und Krach auf den Kutschbock klettern und die Zügel fassen konnte. Ohne Rücksicht auf die kostbare Ladung trabte Prinz großspurig dahin, und Vater, der fürchtete, es könnte uns ein Unglück zustoßen, redete ihm gut zu, brüllte Flüche, ja hob sogar die Peitsche, aber er dachte wohl nie ernstlich daran, sie zu gebrauchen. Er warf mir aus den Augenwinkeln einen verlegenen Blick zu und erklärte:

»Wenn ich ihm die Peitsche zu schmecken gebe, fängt er mir am Ende noch an zu galoppieren, und dann ist's um uns geschehen.«

Wir wußten alle beide, daß Prinz für einen Flaschenhändler so gut wie völlig unbrauchbar war – einer von Vaters üblichen Mißgriffen.

Eines Tages erreichten die Dinge ihren Höhepunkt.

Prinz war besonders widerwärtig gewesen. Er hatte die wilde Fahrt in vollen Zügen genossen und schüttelte glücklich wiehernd die Mähne, als wir in unseren Hof einfuhren. Vater sprang vom Bock und hängte die Sperrkette ins Rad. Einen Augenblick betrachtete er schweigend den Wagen, der dank dem Mutwillen des Pferdes halb leer war. Er murmelte etwas in seinen Schnauzbart von einem Pferd, das ihm der Teufel geschickt hatte, um ihn ins Unglück zu stürzen. Dann ging er auf den nichtsahnenden Prinz zu und schlug ihm mit geballter Faust kräftig ins Gesicht. Das Pferd scheute zurück und starrte ihn, am ganzen Körper zitternd, stumm an.

Vater drehte sich nach mir um und machte ein belämmertes Gesicht.

»Warum habe ich das getan?« sagte er reumütig, mehr zu sich selbst als zu mir. »Er ist wie ein Mensch, nur stumm. Woher soll er wissen, wie er sich vor dem Wagen eines Flaschenhändlers aufführen muß? Hab' ich denn gleich gewußt, was ich zu tun habe? Er ist ein Herr, der ins Elend geraten ist. Er ist es nicht gewohnt, für seinen Lebensunterhalt zu arbeiten.«

Voller Reue streichelte er zärtlich den Hals des Pferdes, und Prinz schob seine Nüstern unter Vaters Arm.

»Er ist ein guter Kerl«, sagte Vater erleichtert. »Er hat mir schon verziehen.« Aber bald mußte er seinen Traber verkaufen. Den anderen Flaschenhändlern und den Nachbarn, die sich nach dem Pferd erkundigten, erklärte er in recht unbestimmten Redensarten, Prinz sei für einen Flaschenwagen zu gut, aber später, wenn er sich einen Zweisitzer leisten könne, wolle er ihn zurückkaufen.

Nach dem Rennpferd kam eine kräftige Schecke, und wieder einmal hatte sich Vater von der Schönheit des Tieres verführen lassen. Es zeigte sich, daß die Stute noch schlimmer war als Prinz. Sie scheute und bockte und hatte einen aristokratischen Geschmack. Nur den feinsten Haferhäcksel fraß sie.

Vater war fest entschlossen, sie für seine Zwecke abzurichten. Er weigerte sich, der Wahrheit ins Auge zu blicken, und behauptete, er sehe nicht ein, warum die Schecke nicht ein gutes Pferd für einen Flaschenhändler abgeben sollte.

»Ich werde sie schon Mores lehren!« sagte er drohend. Nach der Niederlage mit Prinz brauchte er einen kleinen Triumph, um sein Selbstvertrauen wiederzugewinnen.

Und manchmal sah es auch einen ganzen Vormittag lang so aus, als hätte er es geschafft. Er seufzte vor Erleichterung, strich sich stolz den Schnurrbart und stieß mich in die Rippen:

»Sieh dir das an!« Er zeigte auf das breite, schaukelnde Hinterteil der Stute. »Ein Goldstück ist das. Man darf nur nicht gleich aufgeben.«

»Warum zittert sie bloß jedesmal, wenn wir an einem Auto vorbeifahren?« fragte ich.

»Du mit deinen dummen Fragen«, antwortete er gereizt. »Mußt du mich auch noch ärgern?«

Um die Wahrheit zu sagen: Vater konnte nicht oft behaupten, er habe die Stute fest in der Hand. Eines Tages scheute sie vor einem Auto und warf um ein Haar unseren Wagen um, so daß ein paar Säcke voll Flaschen auf den Boden kollerten.

Vater und ich sprangen ab und besahen uns die Glasscherben, die über die ganze Straße verstreut lagen, und Vater schüttelte resigniert den Kopf und sagte: »Kein Mensch kann mit einer fickerigen Stute in Frieden leben. Sie will nichts als ihr Fressen und ihr Vergnügen, und vor der Arbeit bockt sie. Aber ich werd's ihr schon noch zeigen!«

Nur: wie wollte er es ihr denn zeigen? Er hatte seine ganze Geduld und sein ganzes Wissen erschöpft, als ihm endlich ein Bekannter einfiel, ein Pferdezüchter, der ihm der rechte Mann schien, um der Stute die harten Tatsachen des Lebens beizubringen.

Eines Morgens, kurz nach Tagesanbruch, traten wir die lange Fahrt nach der Farm an. Die Sonne war gerade über den roten Rand des Horizonts gestiegen, als wir die Stadt verließen, die in weißen, zuckerigen Dunst gehüllt lag. Es war zu Beginn des Frühjahrs, und die hohe Kuppel des hellblauen Himmels, die bis ans Ende der Welt reichte, war reingewaschen und von keinem Wölkchen befleckt.

Wir verließen die breite Landstraße und bogen in einen schmalen, holperigen Fuhrweg ein, der zwischen hohen Gummibäumen hinführte. Um uns her stieg der schwere Geruch von Eukalyptus, Farnen und unbebauter, feuchter Erde auf. In den höchsten Ästen schwatzten die Elstern, als fragten sie sich, was das einsame Gefährt da unten verloren habe. Unsere Schecke stellte die Ohren auf, warf den Kopf zurück und trabte den ganzen Weg leicht und anmutig dahin. Ihre lange schwarze Mähne flatterte in der schwachen Brise.

Vater betrachtete sie zärtlich. »Sie ist wie ausgewechselt«, sagte er. »Das Land ist gut für ihre Nerven.«

Gegen Mittag sahen wir in bläulichem Dunst die glänzenden Schuppen und das rote Blechdach der Farm vor uns liegen. In einiger Entfernung vom Haus grasten ein paar Pferde zusammen mit einer Herde rostbrauner und weißer Rinder. Nicht weit davon, in einer Einzäunung, stand ein kastanienbraunes Pferd unbeweglich unter einem einzelnen Baum, die eine Hinterhand auf die Kante des Hufes gestellt. »Das ist mir einmal ein vernünftiges Tier«, sagte Vater und betrachtete den Fuchs eingehend.

Der Farmer hieß Anderson. Er und Vater setzten sich auf die Veranda und unterhielten sich über den Regen, der längst fällig war, über die Ernte, die niederen Preise, die der Landmann erzielte, und die elende Lage des Flaschensammlergewerbes. Sie schienen an ihrem Gespräch Gefallen zu finden, denn sie redeten und redeten, und keiner hatte es eilig, auf den Zweck unseres Besuches zu kommen.

In der warmen Stille, die nur von den beiden Stimmen und dem Gezwitscher der Vögel durchbrochen wurde, saß ich unter einer Fichte vor der Veranda und wartete geduldig, daß Vater und Mr. Anderson sich endlich ausgesprochen hätten. Ohne Appetit aß ich die belegten Brote, die Mutter uns eingepackt hatte, und trank Milch aus einer Limonadenflasche. Ab und zu warf ich Steine nach den Vögeln, die in meiner Nähe umherhüpften.

Endlich erhoben sich die Männer und gingen zu unserer Schecke hinüber, und ich lief ihnen nach. Mit einem schnellen, sicheren Griff öffnete Mr. Anderson der Stute das Maul und prüfte ihre Zähne. Dann befühlte er ihre Fesseln und strich ihr mit der Hand über den Bauch. Er beendete seine Untersuchung mit einem Schlag auf ihre breite Kuppe.

»Eine Stute taugt nicht für den Wagen«, sagte er nachdenklich. »Aber hier wird sie sich schon anständig aufführen. Meine Ackergäule dulden keinen Unfug.«

Er verließ uns, um den Fuchs zu holen, den wir im Schatten hatten stehen sehen, und als er mit ihm zurückkam, sagte er zu Vater:

»Wenn Ihnen Ginger nicht zusagt, können Sie die Stute

wiederhaben. Aber ich wette, Sie werden mit dem Tausch zufrieden sein. Ginger ist ein verständiges Tier. Er hat einen Bäckerwagen gezogen . . . Er ist wohl nicht so jung wie die Stute, aber er hat mehr hier oben drin«, schloß er und zeigte auf seinen eigenen Kopf.

Vater sagte kein Wort. Er beäugte den Fuchs voll Argwohn, und ich ahmte seinen abschätzenden Blick nach. Viel war an dem Pferd nicht zu sehen, und es kam mir recht beschämend vor, nach der Stute nun mit so einem häßlichen Vieh kutschieren zu müssen.

Die Stute war schnell ausgespannt, und Ginger wurde in die Deichsel geschoben. Er schien mit seinem neuen Los zufrieden, denn er muckte nicht und gehorchte Vaters Befehlen aufs Wort. Aber Vater ließ mich nicht zu sich auf den Wagen steigen, bevor er den Fuchs nicht ordentlich ausprobiert hatte. Er ließ ihn um den Hof laufen und wendete, hielt und fuhr wieder an, stieg ab und wieder auf, während Mr. Anderson brüllte und auf einer Petroleumkanne einen Heidenlärm machte, um zu zeigen, was für gute Nerven das Pferd hatte.

Ginger bestand alle Prüfungen mit Auszeichnung und gehörte uns.

Trotz des günstigen Handels konnte Vater auf der ganzen Rückfahrt die Trennung von einem so schönen Pferd, wie es unsere Schecke war, nicht verwinden. Er sagte, er hoffe, Mr. Anderson werde sie nicht mit der Peitsche schlagen, und er war überzeugt, daß sie ihn vorwurfsvoll angesehen hatte, als wir die Farm verließen. Hätte Ginger besser ausgesehen, würde sich Vater um die Schecke kaum noch Sorgen gemacht haben.

Er zeigte mit der Peitsche auf den Fuchs und sagte:

»Nun sieh dir das häßliche Vieh nur an. Sein Schwanz fegt den Staub auf, der Bauch hängt ihm durch, und der Hintern geht hin und her wie ein Pendel. Und sieh dir bloß die Haarbüschel über den Hufen an!« Und nach einer Weile sagte er angewidert:

»So ein Klepper!«

Doch bald mußte Vater brummend zugeben, daß Ginger von allen Pferden, die er bisher gehabt hatte, das brauchbarste war. Er hatte ein ruhiges Temperament und brachte nie die Flaschenladung in Gefahr. Aber er war ein Dickschädel und ließ sich nicht antreiben – da half alles Schreien und Peitschenknallen nichts. Ob der Wagen voller Flaschen oder leer war, Ginger zockelte im gleichen gemächlichen Schritt dahin. Insgeheim fühlte ich mich Vater überlegen, der dem Pferd gegenüber völlig machtlos schien. Ich bildete mir ein, daß ich mir den Gaul schon gefügig machen wollte, wenn ich nur Gelegenheit dazu hätte.

Auch in mancher anderen Hinsicht hatte sich Vater Gingers Willen zu beugen. Zu Mittag mußte er jedesmal zappelnd und wutschnaubend warten, bis Ginger das letzte Stückchen Häcksel gefressen hatte. Ein paarmal hatte er versucht, ihm den halbleeren Futtersack wegzunehmen, aber Ginger hatte die Zähne gezeigt und nach ihm geschnappt, und da er sehr langsam fraß, mußte sich Vater zum erstenmal in seinem Leben beim Essen Zeit lassen. Was Vater aber am meisten ärgerte, war Gingers Angewohnheit, immer in die Straßen einzubiegen, in denen er früher gearbeitet hatte. In diesen Straßen hielt er, wie einst vor dem Bäckerwagen, bei jedem zweiten Haus, und Vater war machtlos. Wenn es zufällig genug Flaschen in der Straße gab, rechtfertigte er sich, indem er sagte, es sei ja gleich, wo er seine Flaschen kaufe. Gab es aber keine Flaschen in den Häusern, so fluchte er auf Ginger und schrie:

»Ich habe einen Boß im Genick sitzen, der mir sagt, wo ich Flaschen kaufen muß. Die Pest soll er kriegen!«

Wenn er besonders schlecht auf Ginger zu sprechen war und seine vergeblichen Versuche, den Willen des Pferdes zu brechen, ihn ganz krank gemacht hatten, dachte er reumütig an Prinz und die Stute zurück und sang ihr Lob, als wäre nie etwas geschehen, das seine Freude an ihrer Schönheit getrübt hätte. An Ginger ließ er dann kein gutes Haar.

»Er ist häßlich wie die Sünde, und einen Schmerbauch hat er obendrein. Er ist ein hinterlistiger alter Fuchs. Warum muß ich mich mit so was abplagen!«

Vaters Kampf mit Ginger wurde unter den jüdischen Flaschensammlern und Händlern, mit denen wir auf unseren Runden und auf dem Sammelplatz zusammenkamen, ausgiebig besprochen und belacht.

Einmal, zur Mittagszeit, trafen wir eine ganze Gruppe bei einer Pferdetränke am Stadtrand. Die Männer saßen im Straßengraben und aßen ihre belegten Brote, während ihre Pferde fraßen und sich ausruhten.

Nachdem Ginger aus dem Trog getrunken hatte, führte Vater ihn zu einem Baum, in dessen Schatten er seinen Häcksel fressen konnte. Dann setzten wir uns zu den anderen, um unsere Butterbrote und harten Eier zu verzehren. Einer der Händler, der Kaninchenfelle aufkaufte, zeigte auf Ginger und sagte tiefernst: »Ein guter Tausch, dein Klepper. Wenn er auch nur einen Tag jünger als zwölf Jahre ist, bin ich der Prince of Wales. Du solltest ihn auf der Ausstellung zeigen. Er würde bestimmt einen Preis kriegen.«

Und ein Flaschensammler sagte langsam und ganz erstaunt:

»Hör einmal, sei mir nicht bös, wenn ich das sage, aber du siehst deinem Gaul immer ähnlicher. Das kommt davon, daß du dir von ihm auf der Nase herumtanzen läßt. Das ist wie mit den Weibern. Laß dir von ihnen auf der Nase herumtanzen, und du verlierst dein eigenes Gesicht, wirst ihnen immer ähnlicher.«

Ich sah unwillkürlich das Pferd an und dann Vater. Es war natürlich Unsinn, aber ich glaubte, eine Ähnlichkeit zwischen den beiden festzustellen. Es mußte an Vaters Schnurrbart liegen und an den rötlichen Stoppeln in seinem Gesicht.

Ich hätte gern mit den anderen gelacht, aber Vaters Miene hielt mich davon ab. Ich wußte, daß er sich nicht gern hänseln ließ, und seinen Augen sah ich an, daß er knapp vor dem Überkochen war.

Ein anderer Flaschensammler, den das Gelächter kühn machte, rief:

»Dein Klepper schwitzt wie ein fettes altes Schwein!«

Vater sprang auf. Bleich vor Zorn, schrie er dem Mann ins Gesicht:

»Und du? Wenn ich dich vor den Wagen spanne und dir einen Strohhalm in den Hintern stecke und ‹Hüh!› schreie, siehst du noch viel eher aus wie ein Schwein!«

Die Männer schwiegen betreten, und diesen Augenblick benutzte Ginger, um seine schlechten Manieren unter Beweis zu stellen.

»Da seht ihr, was er von eurem Geschwätz hält«, spottete Vater.

Die bestürzten Flaschensammler und Händler begannen Vater zu besänftigen. »Wir haben's ja nicht bös gemeint«, sagte einer und ein anderer: »Wenn dir das Pferd recht ist, soll's uns auch recht sein.«

Aber sie blieben nicht länger, und als sie davonfuhren, riefen sie zurück:

»Einen schönen Tag wünsch' ich dir!« und: »Gesund sollst du bleiben!«

Aber trotz dieser freundlichen Abschiedsworte kam Vater über ihre Sticheleien nicht hinweg.

»Was haben sie gegen mein Pferd?« murmelte er. »Ein braver Arbeiter, der niemand etwas zuleide tut. Und sie lachen über ihn und reißen ihn in Stücke. Es gibt Leute, die müssen über alles herziehen. Ein Pferd ist ihnen nicht zu schlecht, um zu zeigen, wie stark sie sind. Mein Wort, das ist eine böse Welt!« Mit diesem Tag begann Vaters Liebe zu Ginger. Er sagte nie mehr ein hartes Wort über ihn und duldete das auch von keinem anderen. Er übersah sogar seine Häßlichkeit und sagte, daß schließlich allein der Charakter zähle.

Wie sehr Vater Ginger ins Herz geschlossen hatte, sollte ich bald am eigenen Leibe erfahren.

Wir hatten vor dem einzigen Haus einer Straße, die mehr

wie ein Buschpfad aussah, gehalten, unweit der Endstation einer Straßenbahnlinie. Vater befahl mir, auf dem Wagen zu bleiben, hängte die Kette ins Rad und verschwand im Haus.

Eine Zeitlang betrachtete ich die ruhige Umgebung. In der Ferne hörte ich das Rumpeln der Straßenbahn und die Schläge eines Hammers in einem halbfertigen Haus, das in einer Einfriedung stand. Es war keine Stimme zu hören, kein Hund zu sehen. Die Vögel schienen in der Nachmittagsstille dieses Sommertages eingeschlafen zu sein.

Bald begann ich vor Ungeduld zu zappeln. Es schienen mir Stunden vergangen zu sein, seit ich Vater zum letztenmal gesehen hatte. Ich rief Ginger an, der das Gras vor seinen Hufen abweidete und träge mit dem Schwanz wedelte. Er scherte sich nicht um mich und kaute weiter, den Kopf zu Boden gesenkt. Gelangweilt, weil ich nichts zu tun hatte, und wütend, weil das Pferd meine Befehle mißachtete, griff ich nach den Zügeln. Ich zog mit aller Kraft, bis Ginger den Kopf ein wenig hob, ihn unwillig schüttelte und zu seinem Fressen zurückkehrte.

Ein wilder Plan nahm in meinem Hirn Gestalt an. Wenn schon Vater nicht mit Ginger fertig wurde und ihm in allem nachgegeben hatte, so wollte ich ihm zeigen, daß ich aus anderem Holz war. Meine ganze Abneigung gegen das Pferd wallte in mir auf, als ich mit der einen Hand die Zügel ergriff und mit der anderen die Peitsche.

Ich schwenkte die Peitsche in die Luft und ließ sie leicht auf Gingers Rücken niederfallen. Er hob jäh den Kopf, und ich rief »Hü!« Aber er rührte sich nicht von der Stelle. Ich schlug noch einmal zu, nun schon fester. Er schnaubte und stampfte, und ich schlug ihn noch einmal und noch einmal.

Schaumflecken traten auf sein Maul, während er die Beißstange malmte, und mit einem plötzlich Ruck zog er den Wagen einen Meter vorwärts, dann hielt ihn die Kette, die ins Rad geschlagen war, zurück.

Von meinem Erfolg begeistert, rief ich noch einmal: »Hü!« und hob die Peitsche. Aber in diesem Augenblick erschien Vater im Haustor, einen Sack voll Flaschen über der Schulter. Ich ließ die Peitsche sinken und lächelte ihm entgegen, als sei nichts geschehen. Er übersah mein Lächeln, tat, als hätte er nichts bemerkt, stellte den Sack ab und ging zu Ginger. Er streichelte zärtlich sein Gesicht und murmelte:

»Was hat er dir denn getan, hm?«

Als hätte ihn die Antwort des Pferdes zufriedengestellt, trat er mit erzwungener Ruhe an den Wagen, setzte sich neben mich und sagte leise, ohne mich anzusehen:

»So treibst du's also hinter meinem Rücken. Ein Tierquäler bist du, wie? Ich glaube, kein Tier, das nicht beißen kann, ist vor deinen Pfoten sicher.«

Als er ausgeredet hatte, packte er mich mit einem Arm und legte mich übers Knie.

Ich weiß nicht mehr, wie oft seine schwere Hand auf mein Hinterteil klatschte, aber ich fühle noch seinen heißen Atem im Genick, und seine Worte klingen mir noch in den Ohren:

»Stell dir vor, das Pferd schlägt zurück, du grausamer Halunke. Denk daran, wenn's dich das nächstemal in den Fingern juckt, ein Tier zu quälen. Ich werd' dich lehren, ein Pferd zu schinden, das für sein täglich Brot schuftet, du Strolch!«

Als die Bestrafung vorüber war, sprang Vater vom Wagen und holte die Flaschen, die er auf dem Boden hatte liegenlassen. Er ging mit langsamen, übertrieben würdevollen Schritten, aber er sah sich dabei verstohlen um, ob jemand zu sehen sei.

Es war niemand da.

Carson McCullers

Jagd über das offene Gelände

Am Nachmittag begab Hauptmann Penderton sich für seinen üblichen Ausritt zu den Stallungen. Soldat Williams hatte noch Dienst, obschon er an diesem Tage eigentlich um vier Uhr frei sein sollte. Als der Hauptmann mit dem jungen Soldaten sprach, sah er ihn nicht an und sagte in scharfem, arrogantem Tonfall: »Sattle Mrs. Pendertons Feuervogel.«

Soldat Williams stand reglos da und starrte in das weiße, gespannte Gesicht des Hauptmanns. »Herr Hauptmann befehlen?«

»Feuervogel«, wiederholte der Hauptmann. »Mrs. Pendertons Pferd.«

Das war ein ungewohnter Befehl, denn Hauptmann Penderton hatte Feuervogel bisher nur dreimal geritten, und jedesmal hatte seine Frau ihn begleitet. Der Hauptmann selber hatte kein Pferd und pflegte daher eines der Pferde aus den Stallungen zu benutzen. Während der Hauptmann draußen im Hof wartete, zupfte er nervös an den Fingerspitzen seiner Handschuhe. Als Feuervogel dann vorgeführt wurde, war er nicht zufrieden. Soldat Williams hatte Mrs. Pendertons flachen englischen Sattel aufgelegt, aber der Hauptmann zog einen Armeesattel vor. Nachdem die Sättel ausgewechselt waren, blickte der Hauptmann dem Pferd in die runden purpurdunklen Augen, wo er das glasige Spiegelbild seines eigenen ängstlichen Gesichtes sah. Soldat Williams hielt das Pferd am Zügel, während Penderton aufsaß. Der Hauptmann saß gespannt da, mit vorgeschobenem Kinn und die Knie krampfhaft an den Sattel gedrückt, während der Soldat immer noch versunken dastand, die Hand am Zügel.

Nach einer Weile sagte der Hauptmann: »Sehen Sie nicht, daß ich längst im Sattel sitze? Lassen Sie endlich los.«

Soldat Williams trat ein paar Schritte zurück. Der Hauptmann zog die Zügel an und drückte das Pferd mit den Schenkeln. Nichts geschah. Das Pferd stieß nicht in die Zügel und spielte auch nicht, wie sonst jeden Morgen unter Mrs. Penderton, mit der Kandare, sondern wartete ruhig auf das Zeichen zum Aufbruch. Als der Hauptmann dies merkte, kam eine plötzliche böse Freude über ihn. »Sieh da«, dachte er, »sie hat ihm alles Feuer ausgetrieben; das war vorauszusehen.« Der Hauptmann drückte dem Tier die Sporen in die Flanken, gab ihm einen Schlag mit seiner kurzen geflochtenen Reitpeitsche und galoppierte dann auf dem Reitweg davon.

Es war ein strahlender Nachmittag, und die kühle Luft war erfüllt von dem frischen, bittersüßen Geruch der Kiefern und des welken Laubes. Nicht eine Wolke war an dem weiten blauen Himmel zu sehen. Das Pferd, das an diesem Tage noch nicht geritten worden war, schäumte über vor Lebenslust, wie es so in ungehemmter Freiheit dahingaloppierte. Feuervogel war wie die meisten Pferde manchmal schwer zu halten, wenn man ihm frisch vom Stall weg die Zügel gab. Der Hauptmann wußte dies und richtete sein weiteres sonderbares Verhalten danach. Er ließ das Pferd etwa einen Kilometer ruhig galoppieren und brachte es dann mit einem so plötzlichen Ruck zum Stehen, daß es stolperte und stieg. Dann stand es still: verwundert, aber gefügig – zur größten Zufriedenheit des Hauptmanns.

Dies Spiel wiederholte sich noch zwei weitere Male. Der Hauptmann ließ dem Pferd den Zügel, bis es sich ganz dem vollen Genuß seiner Freiheit hingab, um es dann ohne jede Warnung jäh zu parieren. Er empfand bei dieser seltsamen und versteckten Art von Selbstkasteiung eine Befriedigung, die er anderen schwerlich hätte erklären können.

Beim drittenmal parierte das Pferd genauso brav; was aber dann geschah, beunruhigte den Hauptmann derart, daß seine ganze Zufriedenheit dahin war. Denn als sie so allein auf dem Reitweg dastanden, drehte das Pferd seinen Kopf langsam nach hinten und sah den Hauptmann an; dann legte es die Ohren zurück und senkte langsam den Kopf.

Der Hauptmann hatte plötzlich das Gefühl, daß der Hengst ihn abwerfen – und nicht nur abwerfen, sondern töten würde. Er hatte immer Angst vor Pferden gehabt und ritt nur, weil es sich nun mal so gehörte und weil das Reiten ihm eine willkommene Gelegenheit bot, sich selbst zu quälen. Er hatte den eleganten Sattel seiner Frau nur deswegen gegen den plumpen Armeesattel umgetauscht, weil er sich an dem hohen Sattelbogen notfalls festklammern konnte. Jetzt saß er steif da und hielt sich am Sattel und an den Zügeln fest. Dann überwältigte ihn die Furcht so vollends, daß er jeden weiteren Kampf aufgab, die Füße aus den Bügeln zog, die Hände vors Gesicht hielt und sich vorsichtig umsah, wohin er wohl fallen würde. Diese Schwäche dauerte jedoch nur einen Augenblick, und als er merkte, daß das Pferd ihn doch nicht abwerfen wollte, kam ein triumphierendes Glücksgefühl über ihn, und er galoppierte weiter.

Der Weg ging mitten durch den Wald unmerklich aufwärts. Langsam näherten sie sich der Lichtung, von wo man das Festungsgelände meilenweit überschauen konnte. In der Ferne schloß der grüne Kiefernwald das Bild mit einem dunklen Streifen gegen den leuchtenden Herbsthimmel ab. Von dem märchenhaften Anblick überwältigt, wollte der Hauptmann einen Augenblick rasten und zog die Zügel an. Im gleichen Augenblick aber geschah etwas völlig Unerwartetes, das den Hauptmann leicht das Leben hätte kosten können. Als er die Kammhöhe des Hügels erreichte, galoppierte er immer noch. Plötzlich aber brach das Pferd ohne jede Warnung und wie ein Dämon nach links aus und raste den Hang hinunter.

Der Hauptmann war so verdutzt, daß er aus dem Sattel und auf den Hals des Pferdes flog und beide Steigbügel verlor. Es gelang ihm jedoch, oben zu bleiben. Die eine Hand in der Mähne und die andere in den Zügeln, schob er sich langsam wieder zurück in den Sattel; das war alles, was er tun konnte. Das Pferd stürmte so blindlings dahin, daß ihn schwindelte, sobald er die Augen öffnete. Er saß zuwenig fest im Sattel, als daß er die Herrschaft über die Zügel hätte zurückgewinnen können. Mit Entsetzen begriff er, daß dies ihm auch nichts nützen würde, da er jede Gewalt über sein Pferd verloren hatte. Seine Muskeln und Nerven waren nur noch auf das eine Ziel gerichtet: oben zu bleiben. Mit dem Renntempo von Feuervogels berühmtem Stammvater jagten sie über das offene Gelände dahin. Das kurze Gras schimmerte wie Kupfer in der Sonne. Mit einemmal fühlte der Hauptmann, daß ein grünes Dämmerlicht ihn umgab. Er begriff, daß sie sich nun wieder im Walde befanden und einen engen Fußweg entlangstürmten. Auch jetzt schien das Pferd sein Tempo kaum zu verlangsamen. Der halb betäubte Hauptmann saß geduckt im Sattel. Ein Ast hatte ihm die linke Backe aufgerissen. Er fühlte keine Schmerzen, sah aber deutlich das heiße rote Blut auf seinen Ärmel tropfen. Er bückte sich so tief, daß seine rechte Backe sich an der kurzen harten Nackenmähne des Pferdes rieb. Er wagte es nicht, sich wieder aufzurichten, aus Furcht, sich an einem Ast den Schädel einzuschlagen.

Drei Worte beherrschten das Bewußtsein des Hauptmanns. Er flüsterte mit zitternden Lippen atemlos vor sich hin: »Ich bin verloren.«

Im selben Augenblick aber, als er sein Leben aufgegeben hatte, begann er plötzlich zu leben. Er fühlte eine jähe, wahnsinnige Lebenslust in sich aufsteigen. Er hatte diesen Taumel, der ihn so unverhofft wie das Ausbrechen des Pferdes überfiel, früher niemals empfunden. Seine halbgeschlossenen glasigen Augen sahen wie im Fieberwahn klarer und schärfer, als sie je gesehen hatten. Jeder der kaleidoskopisch an ihm vorbeijagenden Eindrücke prägte sich ihm mit brennender Deutlichkeit ein. Eine halb unter dem welken Laub versteckte kleine schimmerndweiße, köstliche Blume, ein derber Kiefernzapfen, ein aufgescheuchter blauglänzender Häher, ein jäher Sonnenstrahl in der grünen Dämmerung – der Hauptmann sah all diese Herrlichkeiten wie zum erstenmal in seinem Leben. Er empfand dankbar die scharfe Frische der Luft und staunte über seinen eigenen Leib, sein pochendes Herz, seine Muskeln, Nerven und Knochen wie über ein Wunder. Der Hauptmann hatte alle Angst vergessen; in einer mystischen Ekstase wußte er, daß die Erde ihm gehörte und er der Erde. Ein verzücktes Lächeln lag auf seinen blutigen Lippen.

Wie lange dieser wahnsinnige Ritt gedauert hatte, wußte der Hauptmann nicht. Er wußte nur, daß er schließlich aus dem Wald hinaus und über eine offene Ebene galoppierte. Ihm war, als hätte er flüchtig so etwas wie einen auf einem Felsen in der Sonne liegenden Mann und ein grasendes Pferd gesehen, worüber er sich nicht weiter wunderte und was er sogleich wieder vergaß. Was ihn jetzt, wo sie sich wieder im Wald befanden, ausschließlich beschäftigte, war sein völlig erschöpftes Tier. In fassungsloser Angst dachte er: »Das ist das Ende von allem.«

Das Pferd war in einen müden Trott gefallen und blieb schließlich stehen. Der Hauptmann richtete sich im Sattel auf und sah sich um. Als er das Pferd mit den Zügeln auf den Hals schlug, stolperte es noch ein paar Schritte weiter und blieb dann endgültig stehen. Zitternd stieg der Hauptmann ab und band das Pferd langsam und sorgfältig an einen Baum. Dann brach er sich einen langen Zweig und schlug mit seiner letzten Kraft wütend auf das Pferd ein. Mit keuchendem Atem und schweißschwarzen fliegenden Flanken bewegte das ausweichende Tier sich anfangs um den Baum herum. Als aber der Hauptmann fortfuhr, es zu schlagen, blieb es regungslos stehen und stöhnte nur einmal tief. Eine dunkle Schweißpfütze bildete sich unter ihm auf der Nadelstreu, und sein Kopf hing nach unten. Der Hauptmann warf die Peitsche fort. Er war mit Blut beschmiert; und wo sein Gesicht und sein Nacken sich an der kurzen harten Mähne wundgerieben hatten, zeigte sich ein roter Ausschlag. Sein Ärger war noch nicht verflogen, obschon er sich vor Erschöpfung kaum auf den Beinen halten konnte. Er sank auf den Boden und blieb, den Kopf in den Armen vergraben, in einer sonderbar gekrümmten Haltung liegen – wie eine zerbrochene Puppe, die jemand weggeworfen hat. Er schluchzte laut.

Für kurze Zeit verlor der Hauptmann das Bewußtsein. Als er dann wieder zu sich kam, hatte er eine Art Vision: er blickte zurück in die vergangenen Jahre, wie man in das schwankende Bild auf dem Grunde eines Brunnens hineinstarrt. Seine Kindheit tauchte wieder auf. Er war von fünf alten unverheirateten Tanten erzogen worden. Diese alten Jungfern waren jedoch keineswegs verbittert, außer wenn sie unter sich waren. Sie lachten viel und gern und veranstalteten fortwährend Picknicks, sinnlose Ausflüge und Sonntagsgesellschaften, zu denen sie andere alte Jungfern einluden. Trotzdem hatten sie den kleinen Jungen als eine Art Stütze benutzt, um sich so die eigene drückende Last zu erleichtern. Der Hauptmann hatte wirkliche Liebe nie kennengelernt. Seine Tanten überschütteten ihn mit ihren sentimentalen Schwärmereien, die er ihnen, da er's nicht besser wußte, in der gleichen unechten Münze heimzahlte. Außerdem war der Hauptmann »aus dem Süden«, und seine Tanten sorgten dafür, daß er es nicht vergaß. Mütterlicherseits stammte er ab von Hugenotten, die Frankreich im siebzehnten Jahrhundert verlassen hatten, um dann bis zu dem großen Aufstand in Haiti und schließlich bis zum Bürgerkrieg als Farmer in Georgia zu leben. Es waren Zeiten barbarischer Üppigkeit, tiefster Verarmung und anmaßenden Familienhochmuts gewesen. Die jetzige Generation hatte es jedoch nicht gerade weit gebracht. Der einzige lebende Vetter des Hauptmanns war Polizist in der Stadt Nashville. Da der Hauptmann ein großer Snob war, echtes Selbstgefühl aber nicht besaß, legte er übertriebenen Wert auf den erloschenen Glanz dieser Vergangenheit.

Der Hauptmann bohrte seine Stiefelspitzen in die Nadelstreu und machte sich Luft in einem lauten Seufzer, der im Wald verhallte. Dann lag er starr und stumm, während ein seltsames, unklares Gefühl, das ihn schon eine ganze Weile beschäftigte, plötzlich Gestalt gewann. Er war sicher, daß sich jemand in seiner Nähe befand. Mühsam drehte er sich auf den Rücken.

Zunächst glaubte er einfach nicht, was er sah. Zwei Meter neben ihm, an eine Eiche gelehnt, blickte der junge Soldat, dessen Gesicht ihm so zuwider war, auf ihn herab. Er war völlig nackt. Sein schlanker Körper glänzte in der Abendsonne. Mit ausdruckslosen, vagen Augen starrte er den Hauptmann an wie ein fremdes, nie gesehenes Insekt. Der Hauptmann war so verdutzt, daß er sich nicht rührte. Er wollte etwas sagen, aber nur ein trockenes Rasseln drang aus seiner Kehle. Während er den Soldaten beobachtete, schaute dieser zu dem Pferd hinüber. Feuervogel war immer noch schweißnaß, und Striemen liefen über sein Fell. An einem einzigen Nachmittag war aus dem übermütigen Vollblut ein müder Ackergaul geworden.

Der Hauptmann lag zwischen dem Soldaten und dem Pferd. Der nackte Mann nahm sich nicht die Mühe, um den ausgestreckten Körper herumzugehen, sondern schritt von seiner Eiche geradewegs über den Offizier hinweg. Der Hauptmann sah einen Augenblick lang den nackten Fuß des jungen Soldaten dicht vor seinen Augen; es war ein schmaler, wohlgeformter Fuß mit einem hohen Spann. Der Soldat band das Tier los und legte ihm die Hand liebkosend auf das weiche Maul. Dann, ohne einen Blick nach dem Hauptmann, führte er es in den dichten Wald hinein. Das alles geschah so rasch, daß der Hauptmann sich weder hatte aufrichten noch etwas sagen können. Anfangs war er nur grenzenlos erstaunt. Er dachte nicht ohne Wohlgefallen an den ebenmäßigen Körper des jungen Mannes. Dann rief er irgend etwas in den Wald, bekam aber keine Antwort. Ein glühendes Haßgefühl gegen den Soldaten stieg in ihm auf, das ebenso übertrieben war wie das Lustgefühl, das er auf dem durchgehenden Pferd empfunden hatte. Alle Erniedrigungen, aller Neid, alle Ängste seines Lebens machten sich Luft in dieser jähen Wut. Der Hauptmann erhob sich stolpernd und wanderte blindlings in den dunklen Wald.

Er wußte weder, wo er war, noch wie weit entfernt von der Garnison. Ein Dutzend schlauer Pläne, wie er den Soldaten quälen könne, ging ihm im Kopf herum. In seinem Herzen wußte er, daß dieser Haß, leidenschaftlich wie Liebe, ihn bis ans Ende seiner Tage nicht wieder verlassen würde. Nach langem Herumirren stieß er, als es schon zu nachten begann, auf einen ihm bekannten Pfad.

Tania Blixen

Gespensterpferde

Ein kleines Mädchen lag krank in einem großen Haus. Ihr Zustand besserte sich, aber plötzlich bekam sie einen Rückfall, und von nun an war es, als weigerte sie sich, gesund zu werden. Der berühmte Arzt, der aus der Stadt gerufen worden war, erklärte, daß sie die Krankheit überstanden habe und allmählich aufstehen könne. Aber das Kind lag in seinem Bett, so schlapp und lustlos wie eine Stoffpuppe. Wenn man sie ansprach, hielt sie die Augen geschlossen, aber wenn sie glaubte, daß niemand sie sehe, öffnete sie die Augen und starrte betrübt in die Luft, und große Tränen perlten unter den langen Wimpern hervor. Sie wollte nicht essen, sie wollte nicht sprechen, und wenn ihre Kindermädchen sie dazu bringen wollten aufzustehen, schrie sie, daß es weh tat.

Das kleine Mädchen, auf den Namen Oenone getauft, aber gewöhnlich Nonny genannt, war sechs Jahre alt, reizend, mit blauen Augen und dunklen Locken. Sie war das einzige Kind ihrer Eltern und immer verwöhnt worden, und ihr Krankenbett war von allem nur erdenklichen herrlichen Spielzeug umgeben.

Das Haus, in dem sie krank lag, war zweihundert Jahre alt, ein würdiges, vornehmes Gebäude in einem großen Park. Es war seit vielen Generationen im Besitz derselben Familie, und einige seltsame Geschichten verbanden sich mit diesem Heim. Im Wohnzimmer hatte ein Vater einmal seine einzige Tochter beim »Pharao« verspielt, in der Halle war ein Duell auf Leben und Tod ausgetragen worden. Und vor hundert Jahren war die junge Frau des Hauses mit ihrem schmucken Reitknecht davongelaufen und hatte den gesamten Familienschmuck mitgenommen.

Nonnys Mutter hatte das Haus von einer alten Tante geerbt, und sie hatte sich mit ihrem Mann ein ganzes Jahr lang damit beschäftigt, es in das Ideal einer modernen Wohnung zu verwandeln. Die Badezimmer suchten ihresgleichen, in jedem Zimmer war ein Radio, und die großen alten Ställe waren als glänzende Garagen auferstanden.

Der Doktor sagte zu Nonnys Mutter: »Wir stehen hier einem höchst ungewöhnlichen Fall gegenüber. Unmittelbar vor unseren Augen vollzieht sich eine bewußte Wahl zwischen Leben und Tod. Und diejenige, die diese Wahl treffen wird, ist sechs Jahre alt! Und wir dürfen nicht vergessen, daß Nonny eine ungewöhnlich willensstarke kleine Dame ist.«

»Großer Gott, Professor, was meinen Sie?« fragte die Mutter.

»Ich werde Ihnen erklären, was ich meine«, sagte der Professor. »Die Welt eines Kindes ist oft ein kleines Sonnensystem, das eine einzige magnetische Persönlichkeit als Zentrum hat. Es ist ja in Ordnung, daß diese Persönlichkeit die junge hübsche Mutter eines kleinen Mädchens ist. Nonny hat ihre Mutter drei Wochen lang ganz für sich allein gehabt, und nun will sie nicht, daß dieser glückliche Zustand jemals aufhört. Sie klammert sich an ihre Krankheit, um in Ihrem Leben, gnädige Frau, die Hauptperson bleiben zu können. Ja, sie kann sich entschließen zu sterben, um so sicher zu sein, daß sie, indem sie von Ihnen vermißt und betrauert wird, weiterhin die Hauptperson bleibt.«

»Aber was soll ich da tun?« rief die junge hübsche Mutter heftig bewegt aus. »Und soll es denn immer so sein«, fügte sie mit Tränen in den Augen hinzu, »daß man Unglück über die Menschen bringt, die man liebt?«

»Ich werde Ihnen sagen, was Sie tun sollen«, antwortete der Doktor. »Sie müssen verreisen. Ihr Mann hat ein paarmal eine vierzehntägige Autotour durch Frankreich erwähnt. Wenn Sie meinen Rat beherzigen, brechen Sie morgen zu dieser Tour auf.«

Sie sah ihn an und blickte dann aus dem Fenster.

»Sie lassen Ihr Kind in den allerbesten Händen«, sagte der Professor. »Miß Anderson ist ein verantwortungsbewußter Mensch, und Miß Brown ist ausgebildete Krankenschwester. Und Ihr kleines schwedisches Kindermädchen scheint Nonny innig zugetan zu sein. Ich selbst«, schloß er, »werde dem Fall meine ganze Aufmerksamkeit schenken und so oft wie nur möglich nach meiner Patientin sehen.«

»Ja, vielleicht«, sagte Nonnys Mutter langsam, »ja, vielleicht wäre es richtig zu verreisen.«

»Wir vier«, sagte der Doktor mit einem feinen Lächeln, »werden eine Verschwörung bilden und jeden Tag mit Nonny über ihre Mutter reden. Wir werden ihr begreiflich machen, daß Sie erst zu ihr zurückkommen, wenn sie ganz gesund ist. Aber dann werden Sie auch sofort dasein, und Mutter und Tochter sind wieder beieinander – für immer! Und so wird unsere zielstrebige kleine Patientin alle ihre Kräfte darauf konzentrieren, nicht zu sterben, sondern gesund zu werden.«

»Aber ich habe gerade meinem Bruder in Paris telegraphiert«, sagte Nonnys Mutter. »Er sollte morgen kommen.«

»Ihr Bruder, der Maler?« fragte der Doktor. »Der charmante, sonderbare junge Mann, der für Nonny die so phantastischen Bilder gezeichnet hat? Das könnte gar nicht besser sein! Er kann Nonny von Tag zu Tag über Ihre Reise auf dem laufenden halten und sogar Illustrationen dazu anfertigen.«

Nonnys Mutter reiste also nach Frankreich, mit ihrem Mann und in ihrem neuen großen Auto.

Nun traf es sich, daß sie bei ihrer Ausreise in Dover ihrem Bruder begegnete. Sie aßen zusammen zu Mittag, in einem Hotel mit einer schönen Aussicht auf den Kanal, und als Peter, der Ehemann, nach dem Essen hinausging, um nach dem Wagen zu sehen, ließen sich die Geschwister bei Kaffee und Zigaretten reichlich Zeit.

Der Bruder war zwei Jahre jünger als die Schwester und zu diesem Zeitpunkt dreiundzwanzig. Die beiden waren immer besonders gute Freunde gewesen. Cedric hatte seine Familie zuerst dadurch in Erstaunen versetzt, daß er Maler werden wollte, und danach dann durch die Tatsache, daß er sich als Maler wirklich so etwas wie einen Namen machte. Er hatte sich in Paris einem Kreis von Künstlern angeschlossen, von denen er eine sehr hohe Meinung hatte, aber was ihn selbst betraf, war er aufrichtig bescheiden. Er war ein schlanker junger Mann mit ausdrucksvollen Augen, etwas nachlässig in der Kleidung, aber von höflichem und freundlichem Wesen und mit dem seelischen Gleichgewicht, das junge Menschen auszeichnet, deren Familien durch mehrere Generationen auf dem gleichen ökonomischen Niveau gelebt haben, weder sehr hoch oben noch sehr tief unten.

Annabell erklärte ihrem Bruder, daß die Welt eines Kindes oft ein kleines Sonnensystem sei, das eine einzige magnetische Persönlichkeit als Zentrum habe, und daß sie auf dem Weg nach Frankreich sei, um Nonnys Leben zu retten. Nun müsse er ihr versprechen, mit Nonny jeden Tag über sie zu reden und ihr zu versichern, daß, wenn sie ganz gesund sei, ihre Mutter zu ihr zurückkommen und bei ihr bleiben werde – für immer! Und er müsse versprechen, ihr täglich Bulletins über den Genesungsprozeß an verschiedene Adressen in Frankreich zu schicken, die notiert wurden. Cedric versprach alles.

»Aber das war nicht der Grund, weshalb du mir telegraphierst hast«, sagte er.

»Nein«, sagte Annabell, »das war nicht der Grund.« Sie schwieg einen Augenblick und sagte dann: »Da ist eine Sache, in der ich deinen Rat brauche.« In den zurückliegenden Jahren hatte es oft solche Sachen gegeben, in denen sie seinen Rat brauchte.

»Ich werde tun, was ich kann«, sagte er.

»Ja, du wirst tun, was du kannst«, sagte Annabell. »Aber du mußt zuerst versuchen, mich zu verstehen. Die Sache ist die, daß Peter und ich in den letzten Jahren zuviel Geld verbraucht haben. Wir haben über unsere Verhältnisse gelebt, wie man wohl sagt.«

»Tatsächlich?« rief Cedric erstaunt aus.

»Fang um Himmels willen nicht an, Moral zu predigen«, sagte Annabell. »Es ist über alle Maßen unangenehm, über seine Verhältnisse gelebt zu haben, sage ich dir. Ich bin mit meiner Geduld am Ende. Und das wärst du auch.«

»Ja, das wäre ich auch«, sagte Cedric, der in Paris sehr spartanisch lebte.

»Da siehst du es selbst«, sagte die Schwester. »Aber nun ist etwas geschehen, uns hat sich vor kurzem eine einzigartige Chance geboten. Du weißt, daß Peter sich immer eine richtige Arbeit gewünscht hat, um wirklich zeigen zu können, was in ihm steckt. Und nun hat plötzlich der größte Finanzmann des Landes angeboten, ihn in seine Firma zu nehmen. Das ist eine so kolossale Stellung, daß alle Leute staunen werden, er hat also Peters besondere Fähigkeiten erkannt. Das ist eine einzigartige Chance.«

»Wer ist der größte Finanzmann des Landes?« fragte Cedric langsam.

»Sir Maurice Mendoza«, sagte Annabell kurz und dann, ein wenig unsicher: »Und das ist doch eine einzigartige Chance, findest du nicht?«

»Doch, so kann man es gut nennen«, sagte der Bruder.

»Ja, so kann man es gut nennen«, wiederholte die Schwester. »Aber was ist mit mir?«

»Ja, was ist mit dir?« sagte er.

»Ach, Cedric«, rief sie aus. »Versuch jetzt nicht den Idioten zu spielen. Sir Maurice bewundert mich.«

»Wie wir alle«, sagte Cedric.

»Nein«, sagte sie. Sie rauchte ihre Zigarette zu Ende und sagte dann: »Nicht wie ihr alle.«

»Und Peter gefällt es doch immer, daß du bewundert wirst«, sagte er.

»Nein«, entgegnete sie. »Ihm würde dies jetzt nicht gefallen, wenn er es überhaupt verstünde.«

»Und was meinst du selbst dazu?« fragte er.

»Ja, Cedric«, sagte sie. »Das ist es ja. Ich halte so schrecklich viel von Peter. Und jetzt habe ich sieben Jahre lang so schrecklich viel von ihm gehalten, daß ich das Gefühl habe, ich kenne ihn in- und auswendig. – Aber Sir Maurice, auf ihn verstehe ich mich überhaupt nicht. Bei allem, was er tut, ist eigentlich etwas Mystisches. Er ist nicht auf dieselbe Weise reich wie andere Menschen. Er ist unglaublich reich, man kann gewiß sagen, er ist auf eine mystische Weise reich – das ist Aladins Höhle mit Rubinen wie Kirschen und Smaragden und Saphiren wie Weintrauben! Ich mußte an das Märchen von Aladin denken, weil er sich so erstaunlich gut auf Edelsteine versteht. Gott, Cedric, wie sehr ich mir wünschte, daß Ur-Ur-Urgroßmutter Annabell ihren Familienschmuck zurückgelassen hätte, als sie mit ihrem Reitknecht davonlief!«

»Ja«, sagte Cedric langsam. »Irgendeine Unannehmlichkeit gibt es oft bei romantischen Liebesgeschichten.«

»Am Abend, bevor Nonny krank wurde«, fuhr Annabell fort, »haben wir bei ihm gegessen, und er zeigte mir einen großen Rubin – cabochongeschliffen, eine ganz unwahrscheinliche Farbe, Cedric –, den er in Holland gekauft hatte. Er fragte mich, ob er ihn mir in einem Armband verehren dürfe, wenn Peter und er nun einig würden – »als das rote Siegel«, sagte er, »auf unserem Vertrag«. Dann wurde Nonny krank, und dann habe ich lange keinen Menschen gesehen, und jetzt haben wir die nächsten vierzehn Tage in Frankreich Zeit, um zu überlegen und uns zu entscheiden. Ja, so steht es. Und was würdest du mir jetzt raten zu tun?«

»Kann ich auch die nächsten vierzehn Tage Zeit haben, um zu überlegen und mich zu entscheiden?« sagte Cedric.

Sie schwieg einen Augenblick. »Ja«, sagte sie.

Zu diesem Zeitpunkt des Gesprächs sahen sie Peter, gutgekleidet und braungebrannt und wie immer in Form, auf ihren Tisch zukommen und wechselten das Thema.

»Du weißt«, sagte Annabell, »es ist seltsam. Denn in der

ganzen ersten Zeit, als sie krank war, hat sie von Pferden gesprochen, immer von Pferden. Von Pferderennen und Jagd und von Stallarbeit, von Wagenpferden und Reitpferden. Und sie hat doch fast nie ein Pferd gesehen. Da sie unaufhörlich davon redete, kaufte Peter ihr ein herrliches großes mechanisches Pferd, mit Mähne und Schweif aus richtigem Pferdehaar, das auch wiehern kann. Es sah wirklich genau wie ein Pferd aus. Aber sie hat es überhaupt nicht beachtet.«

Hiermit trennten sie sich, und jeder reiste seines Weges. Cedric erhoffte sich eine ruhige Zeit auf dem Lande, denn er hatte ein großes neues Bild im Kopf und brauchte das Alleinsein.

Er war nie zuvor im Haus seiner Schwester gewesen, wenn sie selbst abwesend war. Ohne sie war es irgendwie ein anderes Haus, und indem er sich nun die Zeit nahm, darin herumzugehen und seine besondere Atmosphäre zu schnuppern, wurde es auf paradoxe Weise ein heimischer Ort, sein eigenes Haus.

Wenn es wirklich mein Haus geworden wäre, dachte er, so hätte ich es so gelassen, wie es zur Zeit der alten Tante Deborah war. Und wenn ich selbst seit damals darin gewohnt hätte, dann würde ich jetzt malen können wie Zoffany.

Er ging die breite Treppe zu Nonnys Zimmer hinauf, und es wurde ihm bewußt, daß sie noch reizender war, als er sie in Erinnerung hatte. Aber was hatte dieser strenge, vergrämte und hoffnungslose Ausdruck in dem kleinen Blumengesicht zu suchen? Es wirkte auf ihn, als wäre ihm eins seiner Bilder in Komposition oder Farbe mißlungen – schmerzhaft, wie ein Dorn im Finger.

Getreu den Anordnungen seiner Schwester, sprach er zu Nonny über ihre Mutter, beschrieb ihre große Reise durch Frankreich und versuchte, sie mit Hilfe von Papier und Buntstiften anschaulich zu machen. Nonny hörte ihm ohne das geringste Zeichen von Interesse zu und hatte für die Bilder nur einen einzigen flüchtigen, verächtlichen Blick übrig. Das imposante mechanische Pferd, dessen Schweif und

Mähne aus richtigem Pferdehaar waren, stand an ihrem Bett. Er bewunderte es. Der Ausdruck ihres kleinen Gesichts wurde noch tragischer.

Wenn ich als Künstler auch nur das mindeste wert bin, sagte er zu sich selbst, muß ich dieses widerspenstige »Porträt eines Kindes« in den Griff bekommen.

Er fragte sie: »Was wollen wir spielen, wenn du aufstehen kannst, Nonny?«

Zum erstenmal bekam er eine Antwort. Nach einer kurzen Pause sagte sie: »Wir können nicht spielen!«

»Warum können wir das nicht?« fragte er.

Wieder Schweigen und dann dieselbe Antwort, mit noch tieferer Verachtung als vorher. »Wir können nicht spielen, nicht du und ich.«

Er überlegte ein wenig, bevor er sagte: »Nein, nicht du und ich. Aber wer kann dann spielen?«

Sie antwortete: »Billy.«

Er wollte sie nicht quälen und ließ es dabei bewenden.

Der Doktor kam in seinem blitzenden Auto, untersuchte die Patientin und erkundigte sich, ob sie aufgewesen sei. Da die Krankenschwester den Kopf schüttelte, gab er ihr zu verstehen, daß die Sache im Begriff sei, ernst zu werden, und daß sie bis zu seinem nächsten Besuch das Kind unbedingt auf die Beine bringen müßten. Nach dieser Äußerung fuhr er fort.

Cedric sagte zu Nonny. »Du würdest aufstehen, wenn du draußen mit Billy spielen könntest, nicht wahr?«

»Ja«, sagte Nonny.

»Aber wie ist es dann möglich«, fragte er wieder, »daß du es nicht tust?«

Das Gesicht des Kindes färbte sich dunkel vor Zorn.

»Das weißt du doch genau«, sagte sie.

»Ich bin so lange in Paris gewesen, Nonny«, sagt er. »Inzwischen ist viel geschehen, was ich nicht weiß. Willst du es mir nicht erzählen?«

»Weil Billy tot ist«, sagte Nonny.

Cedric begann sich bewußt zu werden, daß er mehr an Nonny als an sein geplantes großes Bild dachte. Da er glaubte, bei dieser Aufgabe nicht mit der Hilfe von Miß Anderson oder Miß Brown rechnen zu können, wandte er sich an das kleine schwedische Kindermädchen Ingrid. Sie war eine Freude für sein Malerherz, denn mit ihrem weißen Kragen und dem Häubchen glich sie einem jungen Mädchen auf einem alten holländischen Gemälde. Jetzt suchte er sie, zum Schrecken des jungen Mädchens, in ihrem eigenen kleinen Zimmer auf und begann sie auszufragen. Sie gingen zuerst Nonnys Krankheit durch und wurden sich einig, daß sie gesund werden müsse, bevor ihre Mutter nach Hause komme.

»Aber sagen Sie mir doch«, sagte Cedric, »wer ist Billy?«

Ingrid wurde ganz blaß, sah ihn unruhig und betrübt an und sagte: »Oh, Mister Cedric.«

»Ja, Sie verstehen es doch gewiß selbst, Ingrid«, sagte er, »daß ich mit Nonny nicht weiterkommen kann, wenn ich das nicht weiß.«

»Ich hatte gehofft«, sagte Ingrid und sah zu Boden, »daß niemand das erfahren würde.«

»Warum sollte niemand das erfahren?« fragte er.

»Weil Billy tot ist«, sagte Ingrid.

»Ja, das habe ich gehört«, sagte Cedric. »Und es tut mir sehr leid, daß Billy tot ist. Aber es muß mehr mit Billy sein als das. Sie können es mir ruhig erzählen, ich werde es nicht weitersagen.«

Ingrid holte tief Luft. »Ich bin nur froh, es Ihnen zu erzählen, Mister Cedric«, sagte sie. »Ich bin über all das so unglücklich gewesen.«

Sie gab nun ihren Bericht, ernst und mit kleinen Pausen, während derer sie ihm ins Gesicht schaute, wie um ihn an sein Versprechen zu erinnern.

Billy sei das Enkelkind von der alten Mrs. Peavey. Und wer denn die alte Mrs. Peavey sei? Mrs. Peavey sei die Witwe des alten Kutschers, und der alte Kutscher habe in der kleinen Wohnung über den Pferdeställen gewohnt, die zu Garagen geworden sind. Nach seinem Tod habe man ihr erlaubt, dort wohnen zu bleiben.

Mister Cedric habe die alte Mrs. Peavey gewiß niemals gesehen? Nein, und das komme daher, weil sie die schlimmen Beine gekriegt habe und ihr das Treppensteigen schwerfalle. Sie und Ingrid seien so gute Freunde geworden, weil Mrs. Peavey, ebenso wie Ingrid, vom Lande stamme, und ihr Vater habe Pferde gezüchtet, ebenso wie Ingrids eigener Vater. Sie hätten also viele gemeinsame Interessen. Ingrid habe dann ein paarmal Mrs. Peavey im Haus geholfen. Sie habe darüber nie zu jemandem gesprochen, denn es sei eigentlich nicht recht von ihr gewesen, ihre Zeit für solche Dinge zu verwenden.

»Das muß für Sie und Mrs. Peavey eine gute Zeit gewesen sein.«

»Ja, das war für mich und Mrs. Peavey eine gute Zeit«, sagte Ingrid.

Mrs. Peavey hatte einen Sohn, der bei einem großen Rennstall arbeitete und der verheiratet gewesen war und sieben Kinder hatte. Als er das zweitemal heiratete, konnte er seine neue Frau nicht mit dem kleinsten Kind belasten, deshalb nahm es die alte Mrs. Peavey zu sich. Der älteste Bruder war mit dem kleinen Jungen hierhergereist – er war auch beim Rennstall angestellt, ein gutaussehender und ordentlicher junger Mann. Cedric fragte sich, ob es nicht in Wirklichkeit dieser gutaussehende und ordentliche junge Mann sei, dem vor allem das gemeinsame Interesse der alten und der jungen Frau galt. So war es gekommen, daß der kleine Junge bei seiner Großmutter wohnte, über dem alten Stall.

»Ja, und das war Billy, Mister Cedric«, sagte Ingrid.

Billy war ein Jahr älter als Nonny, ein hübscher und lebhafter Junge. Aber er war taubstumm.

Zuweilen, wenn Miß Anderson Ingrid den Auftrag gegeben hatte, mit Nonny einen Spaziergang zu machen, hatten sich die beiden statt dessen die Stalltreppe hinaufgeschlichen, um Mrs. Peavey zu besuchen. Dann hatte Ingrid ihr eine Weile Gesellschaft geleistet und für sie gestopft und geflickt, während Nonny und Billy in der großen Sattelkammer spielten, die an Mrs. Peaveys Wohnung grenzte. So hatten sie es alle vier prächtig gehabt. Nonny war für ihr Alter ein selten vernünftiges Mädchen, sie hatte von all dem zu den anderen nie ein Wort gesagt.

»Aber eigentlich war ja daran auch nichts Böses?«

»Doch, Mister Cedric, das war es«, sagte Ingrid. »Denn es war ja Billy, der Nonny mit Masern angesteckt hat.«

Sie rang in ihrer Not die Hände im Schoß. »Und gerade als Nonny anfing, sich zu erholen«, fuhr sie fort, »da starb Billy. Und als Nonny hörte, daß Billy tot war, da wurde sie wieder krank.«

»Wie hat sie es erfahren?« fragte Cedric.

Sie hatte es von Ingrid erfahren. Ingrid war oben gewesen, um Mrs. Peavey zu besuchen, und hatte mit ihr über Billy geweint, und als sie zurückgekommen war, hatte Nonny gefragt, warum sie geweint habe, und da hatte sie nicht schweigen können. Sie mußten mitten in der Nacht nach dem Doktor schicken. Während Nonny richtig krank war und im Fieberwahn sprach, hatte Ingrid das Herz bis zum Hals geklopft, aus Furcht, daß alles herauskommen und die alte Mrs. Peavey fortgeschickt werden würde. Aber Nonny war standhaft gewesen und hatte sich nicht verplappert.

»Meine Schwester hat mir erzählt, daß sie von Pferden gesprochen hat«, sagte Cedric.

»Ja, im Anfang hat sie von Pferden gesprochen. Oben in der Sattelkammer hängen mehrere Reihen Pferdebilder, und von Billy kannte sie alle ihre Namen.«

»Wie war denn das möglich?« sagte Cedric. »Sie haben mir gerade erzählt, daß er taubstumm war.«

Diese Tatsache hatte Ingrid offenbar nie als besonders merkwürdig empfunden, aber sie konnte auch keine Erklärung dafür geben. Nonny und Billy wollten immer allein sein, wenn sie in der Sattelkammer spielten. Ja, sie hatten die Tür abgeschlossen und dahinter dann ganz lautlos gespielt. Billy konnte schon reden, auch wenn es etwas merkwürdig klang. Und er war darin unterrichtet worden, den Leuten die Worte vom Mund abzulesen, und das habe er sicher Nonny beigebracht, meinte Ingrid. Denn Nonny konnte darauf verfallen, zu Ingrid zu sagen: »Jetzt werde ich dir etwas Wunderbares erzählen«, und dann bewegte sie nur die Lippen, und wenn Ingrid sie nicht verstand, setzte sie ein schadenfrohes Gesicht auf. Und manchmal, wenn sie zu Bett gebracht worden war, hatte sie dagelegen und vor sich hin gelacht und dann schließlich Ingrid leise anvertraut, daß Billy und sie so ein paar hübsche Pferde hätten, mit denen sie spielten.

»Ich werde mit Nonny über Billy reden«, sagte Cedric nach einer Pause.

»Glauben Sie, daß das richtig sein wird, Mr. Cedric?« sagte Ingrid.

»Ja, ich glaube beinahe, daß das richtig sein wird«, sagte Cedric. »Der Doktor hat meiner Schwester erklärt, daß der Mittelpunkt in der Welt eines Kindes immer eine einzige beeindruckende Persönlichkeit ist. Er meinte, daß das für Nonny ihre Mutter sei. Aber jetzt begreife ich, daß es Billy war.«

Cedric hatte seiner Schwester jeden Tag eine Postkarte geschickt. Jetzt brachte der Briefträger ihm eine von ihr. Frankreich sei wunderbar, schrieb sie. Es sei wunderbar, mit Peter zu reisen. Es werde ganz wunderbar sein, nach Hause zu Nonny zu kommen. Zuweilen wünsche sie sich jedoch, daß sie nicht nach Hause kommen müßte. Grüße, und für Nonny einen Kuß.

Cedric sagte zu Nonny. »Wenn ich du wäre, würde ich zusehen, daß ich das Pferd los würde.«

Sie sahen beide voller Geringschätzung auf das teure Spielzeugpferd neben dem Bett.

Cedric fuhr fort: »Dinge, die anderen ganz genau ähnlich sehen, sind verdammt langweilig – ja, entschuldige, Nonny.«

Nonny sah ihn an, war aber immer noch voller Mißtrauen und antwortete nicht.

»Die einzigen *wirklich* wirklichen Dinge«, sagte er nachdenklich, »das sind die, die sich selbst schaffen und anderen Dingen überhaupt nicht ähnlich sehen müssen. In meinem Haus in Paris habe ich einige *wirklich* wirkliche Dinge, denen ich geholfen habe, sich selbst zu schaffen – Blumen und Vögel und Regenbogen und Berge und eine Dame, die in den Fluß springt, weil sie unglücklich ist. Sie singen und duften und springen in den Fluß, ganz von sich aus, so daß ich zuweilen über sie erstaunt bin – und hübsch sind sie, Nonny, sehr hübsch! Und dann kommt auch etwas von außen dazu, das Publikum heißt, und das betrachtet sie lange und sagt, daß sie mit nichts auf der Welt Ähnlichkeit haben.«

Nach kurzem Schweigen fragte Nonny: »Woraus werden sie gemacht?«

»In der Regel finden sie etwas, woraus sie gemacht werden«, sagte Cedric, »auch wo man glaubt, daß nichts da wäre, Nonny. Aber ich helfe ihnen auch, es zu finden. Tust du das nicht?«

Wie ein Lichtschein huschte ein blasses feines Lächeln über ihr Gesicht, das erste, das er bisher dort gesehen hatte. »Doch«, sagte sie.

Er wartete einen Augenblick.

»Nun zu Pferden«, nahm er den Faden auf, »*wirklich* wirklichen Pferden. Ich könnte mir denken, daß Billy sie dazu bringen konnte, alles mögliche zu machen – nicht wahr?«

Nonny sah ihn an, was sie zuvor nicht ein einziges Mal getan hatte. Ihr Gesicht war ernst und stolz, aber nicht mehr unfreundlich.

»Billy konnte mir alles erklären, was sie taten«, sagte sie.

»Ja, das kann ich gut verstehen«, sagte er, »denn er sprach ja nicht wie andere Jungen.«

Sie sah aus, als wollte sie mehr sagen, aber dann schloß sie wieder fest den Mund.

»Na, Nonny, mach's nun gut so lange«, sagte er. »Ich werde ein Stück mit dem Auto fahren, das deine Mutter für mich hiergelassen hat. Eigentlich ist es ja langweilig, denn man hat doch das Gefühl, daß ein Auto unglaublich langsam ist, wenn man gerade an Billys Pferde gedacht hat.«

»Du kommst wieder zurück, nicht wahr, Onkel Cedric?« sagte Nonny.

Als er die Treppe hinunterging, sagte er zu sich selbst: Ich bin wohl doch dabei, das Bild in den Griff zu bekommen. Wie schwer, wie fürchterlich schwer, es zu fassen. Aber ich glaube, ich kann es. Gott gebe, daß ich jetzt die richtigen Pinsel et cetera wähle!

Am nächsten Tag konnte er Nonny dazu bewegen, mit ihm auf dem Deckbett Dame zu spielen. Während er über einen Zug nachdachte, fragte sie ihn: »Wo versteckst du deine Blumen und deine Vögel und die Dame, die in den Fluß springt?«

»An der Wand«, sagte er. »So kann sie keiner sehen. Aber dennoch sind sie natürlich da.«

Er begriff, daß Nonnys beredtes Schweigen diesmal nicht mangelnder Sympathie entsprang, sondern dem Umstand, daß ihr die Worte fehlten, um das neue Einverständnis zwischen ihm und ihr auszudrücken. Endlich sagte sie: »Billys und meine Pferde stehen in ihren Boxen. Und in ihrem Stall.«

»Ja, das tun die meisten wirklich feinen Pferde«, sagte er.

Als sie gewonnen hatte und er die Steine in die Schachtel zurücklegte, fragte sie plötzlich: »Soll ich dir meine Pferde zeigen, Onkel Cedric?«

»Ja danke«, sagte er, »das wäre nett. Ich habe viel an sie gedacht. Es ist schade, daß sie nicht gestriegelt und ordentlich getränkt werden, jetzt, wo Billy nicht mehr dort ist und deine eigenen Beine zu schwach sind, um hinüberzugehen.«

»Das sind sie überhaupt nicht«, sagte Nonny und stellte sich im Bett hin.

»Man muß sehr kräftige und tüchtige Beine haben, um Pferde versorgen zu können«, sagte er. »Solche Beine, wie sie sicher Billys Bruder hat. Aber vielleicht kannst du morgen hinübergehen.«

»Nein, heute«, sagte Nonny, »nach dem Mittag.« Sie sah sich um und fügte hinzu: »Miß Anderson und Miß Brown dürfen nichts erfahren.«

»Nein«, sagte er.

»Ingrid kann mich anziehen«, sagte sie.

»Ingrid kann dich anziehen«, stimmte er zu, »und ich kann Miß Anderson und Miß Brown sagen, daß du mit mir ein Stück mit dem Auto fährst.«

Während sie so in ihrem kurzen Flanellnachthemd im Bett stand, war ihr Gesicht mit seinem auf gleicher Höhe. Was für klare, tiefe, ehrliche Augen, dachte er, was für fein gezeichnete Brauen und lange, dichte Wimpern. Und was für eine plötzliche und seltsame Kraft und Mündigkeit in der ganzen zierlichen Gestalt.

»Denn du wirst es niemals, niemals, niemals jemandem erzählen«, sagte sie langsam und feierlich.

»Denn ich werde es niemals, niemals, niemals jemandem erzählen«, wiederholte er ebenso langsam und feierlich wie sie.

Sie sah ihm gerade in die Augen, forschend. Ihr kurzes Dasein barg Enttäuschung und Katastrophe, sie konnte es sich nicht leisten, ein Risiko einzugehen. Er suchte nach einem Schwur, der ihn bedingungslos binden konnte.

»Wenn ich jemals zu einem Menschen auf der Welt ein Wort über die Pferde oder die Boxen oder den Stall sage, dann will ich nie besser malen können als Alastair Addams!« – Alastair Addams war sein Lehrer gewesen – »Amen!«

Er ging den Plan mit seiner Verschworenen durch, und man einigte sich, daß Miß Anderson frei haben sollte und daß sich Ingrid um Miß Brown kümmern werde.

Es war ein herrlicher klarer und stiller Augustnachmittag. Die Luft über den Buchsbaumhecken und den langen Levkojenbeeten war balsamisch, der Schatten der großen Platanen lag friedlich auf den Grünflächen. Nonny saß auf Cedrics Arm und sah sich um. Konnte ein Kind, dachte er, eine richtige Vorstellung von der Zeit haben – und begriff es, war für eine lange Zeit vergangen war und wieviel sich ereignet hatte, seit es zuletzt draußen im Garten war?

»Ich habe Lester fortgeschickt«, erklärte er, während sie zur Garage hinübergingen. »Wir gehen gleich zu Mrs. Peavey hinauf.« Sie sah ihn an, als wollte sie ihn fragen, woher er den Weg so gut kenne. Aber sie sagte nichts.

Auf der Treppe dachte er: Mit jeder dieser abgenutzten alten Stufen geht man zehn Jahre in der Zeit zurück. Er zählte die Stufen, und als er über Mrs. Peaveys Türschwelle trat, wußte er, daß er wahrhaftig in Zoffanys Zeit angekommen war.

Am Fenster mit den weißen Gardinen und den Pelargonien versuchte sich eine kleine, alte Frau beim Anblick der Gäste von ihrem Stuhl zu erheben, gab es auf und schien dabei noch kleiner zu werden und begann dann ganz still zu weinen. Nonny sandte ihr einen freundlichen, vertraulichen Blick, ließ sich aber auf keine Konversation ein.

»Bleiben Sie doch sitzen, Mrs. Peavey«, sagte Cedric. »Nonny ist fast wieder gesund, wie Sie sehen. Wie geht es Ihnen selbst? Wir wollten gern mal für einen Augenblick in die Sattelkammer gehen.«

»Oh, dort ist es bestimmt ganz schrecklich staubig«, sagte Mrs. Peavey. »Ich habe die Sattelkammer nicht betreten, seit mein kleiner Enkelsohn fortgegangen ist. Ich hatte einen kleinen Enkelsohn, Mr. Cedric.«

»Ja, ich weiß, und es tut mir von ganzem Herzen für Sie leid, Mrs. Peavey«, sagte Cedric. »Und es macht gar nichts aus, wenn es dort staubig ist.«

»Billy hat den Schlüssel mit hineingenommen«, sagte Nonny. »Und er hat ihn im Schloß herumgedreht. Ich kann gut allein stehen, wenn ich drinnen bin, Onkel Cedric.«

Cedric öffnete die Tür zur Sattelkammer. Der Geruch schlug ihm noch eher entgegen als das Licht. Dann verschmolzen Geruch und Licht zu einem sanften, würdigen und demütigen Willkommen.

Die Sattelkammer war ein großer, niedriger Raum, der sich über das ganze Haus zog und drei Fenster nach Osten und drei nach Westen hatte. Alles hier drinnen war merkwürdig dick mit Staub bedeckt. Er mußte unwillkürlich an Pompeji und Herculaneum denken. Die Aussage der alten Frau, daß sie seit Billys Tod nicht in dem Raum gewesen sei, war gewiß mehr als korrekt. Diese feine, dichte Staubschicht mußte noch aus der Zeit des alten Kutschers stammen. Dicke Spinngewebe zogen sich über alle Ecken und Winkel und über die kleinen Fensterscheiben, die vom Alter gelblich waren.

Es war so schön in diesem verlassenen Raum, daß der junge Mann einen Augenblick vergaß, weshalb er hierhergekommen war und eine Weile ganz still dastand, nachdem er das Kind auf den Fußboden gestellt hatte. Das Nachmittagslicht war mit Gold gesättigt und erhöhte die Nacktheit und Armut zu königlicher Pracht. Die weißgekalkten Wände leuchteten fast durchscheinend wie Marmor, und auf den Deckenbalken lag feiner Kupferglanz. Selbst das, was im Schatten war, glühte geheimnisvoll in den Farbtönen alten Bernsteins, wie ein Schatz auf dem Meeresgrund.

Zwei Wände waren in ihrer ganzen Länge mit Haken und Gestellen bedeckt, an denen alle Art Geschirr und Sattelzeug hing. Da waren Brustgurte und Bauchgurte, Kumte, Zaumzeug, Sattelgurte und Steigbügel. Da war Geschirr für Einspänner und Zweispänner, für Tandem und für Vierspänner, messing- und silberbeschlagen, mit Kronen auf den Scheuklappen. Da waren Jagdsättel, Rennsättel und Damensättel. Der seltsame strenge, abgestandene Geruch im Raum, wie von Pilzen im Herbst, war das innerste Wesen von all diesem alten Lederzeug.

Cedric verstand sehr wenig von Sattlerkunst und konnte sich nicht einmal erinnern, jemals in einem Pferdewagen gefahren zu sein. Er ließ den Blick lange über das Geschirr und die Sättel schweifen und sah, daß dies alles jetzt schimmlig und zerrissen, aber einstmals herrliche Arbeit gewesen war, angefertigt aus ausgesuchtem Leder und Metall. Sachkundige, sorgfältige und geduldige Hände hatten es gedreht und gewendet. Ernste, prüfende Augen hatten vor Beginn der Arbeit gerade dieses Leder ausgewählt, aus dem Stück für Stück geschaffen werden sollte, und hatten nach Abschluß der langwierigen Arbeit gesehen, wie sich die einzelnen Teile zu einem fehlerfreien Ganzen fügten – und dann hatten die alten Sattler, mit einem ganz kleinen Stich im Herzen, ihr Werk zusammengepackt und weggeschickt.

An den beiden anderen Wänden hingen Reihen von Bildern, gerahmt und unter Glas. Es waren ausnahmslos Pferdedarstellungen, einzeln oder paarweise oder in Gruppen, und in den stolzesten Posituren, am Zügel geführt, im Galopp oder bei phantastischen Sprüngen über Hindernisse, mit kühn zurückgeworfenem Kopf vor Karossen oder leicht tänzelnd vor Phaetons oder mit Damen mit langen eleganten Schleppen und Herren in roten Fräcken auf dem Rücken. Die alten Stiche waren, ebenso wie alles andere hier drinnen, auf das feinste und sorgfältigste gearbeitet und, ebenso wie alles andere, verblichen und voller Fliegenschmutz. Bei einigen war das Glas gesprungen oder zerschlagen oder ganz herausgefallen.

Hier, dachte Cedric, bin ich in Billys Königreich.

Hier haben Menschen gelebt, deren Gedanken und Worte um Pferde kreisten, die alles wußten, was man über Pferde wissen konnte, und deren größte Befriedigung und höchstes Lebensziel auf die eine oder andere Weise mit Pferden verknüpft waren. Billy, der Sohn des Trainers und der Enkel des Kutschers, der letzte Abkömmling einer tausendjährigen Generationsfolge von Reitern und Pferdezüchtern, war der rechtmäßige Erbe dieser alten, bald verschwundenen und vergessenen Pferdewelt Englands gewesen. Wie ein kleiner stummer Wächter und Kustos hatte er es vermocht, sie in ihrem abgelegenen Reservat vor den Augen seiner Spielgefährtin, dem Kind des Motorzeitalters, auferstehen zu lassen, mächtig und ganz lebendig.

Nonny hatte ebenso still gestanden wie Cedric und sich mit leidenschaftlichem, zärtlichem Stolz umgesehen. Jetzt wollte sie wieder hochgehoben werden, um mit ihrem Gast die Bilder durchzugehen. Sie einigten sich, daß sie jetzt gesund genug sei, um auf seinen Schultern zu reiten, und derart im Geist dieser Stätte verbunden, besahen sie die Galerie.

»Sieh diesen hier, Onkel Cedric«, rief sie froh, »das ist ›Ranger‹, der das ›Longchamp‹ gewann! Und dies hier ist ›Boyard‹, der das ›Ascot‹ gewann. Das hübsche, weiße Pferd mit der langen Mähne ist das Reitpferd von Königin Victoria, und das braune, das sich aufbäumt, gehört Prinz Albert. Dieses hier ist ›Robert the Devil‹, der das ›Saint Leger‹ gewann – und sieht er nicht auch wie ein richtiger Teufel aus? Und hier – hier ist ›Gladiator‹, der das Derby gewann. Das steht alles unter ihnen geschrieben.«

»Aber du kannst doch nicht lesen, Nonny«, sagte Cedric. »Woher weißt du das alles?«

»Billy konnte lesen«, sagte Nonny, »er hat mir das alles erklärt.«

»Und sieh mal!« rief sie laut in plötzlichem Entzücken aus, indem sie auf einen großen, langen Stahlstich zeigte, der für sich auf einem Ehrenplatz hing. »Das ist die Krönung Ihrer Majestät Königin Victoria am 28. Juni 1838! – Jetzt will ich gern wieder runter, Onkel Cedric«, sagte sie. »Denn jetzt machen wir die Krönungsprozession der Königin, du und ich.«

Cedric sah sich um. Da waren nirgendwo Schränke oder Kisten zu sehen, nur ein Korb mit Wäscheklammern und leeren Flaschen war aus der Kutscherwohnung in die Sattelkammer gestellt worden.

Er hatte geglaubt, er hätte den Mittelpunkt in der Welt des Kindes erreicht – jetzt stand er auf dem großen, leeren Fußboden und fühlte sich auf traurige Weise erwachsen. Welches Zubehör der längst toten Pferde war durch Billys Zauberstab so erhöht und beseelt worden, daß es in eine königliche Krönungsprozession hatte eingehen können?

In dem Licht, das durch ein Fenster fiel, stand ein Ohrensessel, dessen Füllung aus dem zerschlissenen Pferdehaarbezug hervorsah.

»Sieh mal, Nonny«, sagte er, »ich setze dich in den Sessel, dann brauchst du nur zu sagen, was ich tun soll.«

»Nein«, sagte Nonny, »ich will in keinem Sessel sitzen.«

»Warum nicht?« fragte er. »Falls wir das Derby machen wollen, kann er die Tribüne für das Wettkampfgericht sein, und du kannst der Zielrichter sein. Und wenn wir die Krönungsprozession machen wollen ...« Er unterbrach sich, nicht ganz sicher, was sie dann sein sollte.

»Dann bin ich Gott«, verkündete Nonny klar und bestimmt. »Dann bin ich Gott, der von oben auf die Prozession heruntersieht. Gott sieht nämlich auf alle Pferde herunter. Das hat Billy gesagt.«

Sie wirkte sehr klein in dem großen Sessel, aber sie saß rank und stolz wie auf einem Thron und erteilte ihre Befehle, ohne zu zögern.

»Öffne jetzt die Stalltür«, befahl sie, »und laß die Pferde hinaustraben.«

»Jawohl«, sagte er. Er versuchte ihrem Blick zu folgen und nahm aufs Geratewohl ein Bild von der Wand.

»Nein, nicht ›Ormond‹, Onkel Cedric«, rief Nonny. »Das andere da, ›Zoedone‹. Das ist der Ururgroßvater von all den anderen.«

Weiter rechts bäumte sich feurig »Zoedone«, mit einem kühnen, perückengeschmückten Reiter auf dem Rücken.

»Du hättest nie von selbst den Stall gefunden, was, Onkel Cedric?« fragte Nonny. »Aber Billy hat das gekonnt. Er wußte, daß er irgendwo hier sein mußte, und dann hat er ihn schließlich gefunden. Und er mußte sogar auf den Damensattel da am Gestell steigen, um an die Stalltür zu kommen.«

Als »Zoedone« von seinem Haken heruntergenommen wurde, tat sich hinter ihm in der Mauer ein viereckiges Loch auf. Es sah dunkel und tief aus.

»Da drinnen stehen sie«, sagte Nonny.

In dem dunklen Raum stand ein Stapel größerer und kleinerer Schachteln. Er nahm eine nach der anderen heraus, und als er die ersten drei, vier hervorgeholt hatte, begann er zu ahnen, was er in den Händen hielt.

In Übereinstimmung mit dem Raum und seinem Inventar waren diese Schachteln – aus Saffian, Wildleder und Samt, mit Golddruck und goldenen Spangen – von der Eleganz einer verschwundenen Zeit geprägt und jetzt jämmerlich ruiniert, schimmlig und zerbrochen. Er erhielt den Befehl, den Stall ganz auszuräumen, die Boxen auf dem Fußboden hübsch anzuordnen und sie erst dann zu öffnen. Das Seidenfutter in Boden und Deckel war an einigen Stellen zerrissen, aber auf diesem mürben, halb aufgelösten Stoff strahlten die Edelsteine mit ewig blinkendem Sternenglanz.

Nonny sah von den Schachteln zu ihrem Onkel, sehr zufrieden mit dem Staunen und der Ergriffenheit, die sich in seinem Gesicht spiegelten.

»Hast du jemals so blanke Pferde gesehen, Onkel Cedric?« fragte sie. »Billy und ich haben sie mit einem kleinen Schwamm und einer Bürste und mit dem Ledertuch von seinem Großvater gestriegelt. Billys Großvater hat gesagt, daß nichts auf der Welt so schön ist wie ein blankes Pferd! Und man sieht es an den Weißen, die so wie das Reitpferd der Königin aussehen, daß sie gepflegt und getränkt und gut gefüttert worden sind.«

Da waren Fingerringe mit Diamanten, Smaragden, Rubinen und Saphiren, da waren Broschen in Form von Buketts und Blumenkörben, Arabesken und Sternen, da waren Armbänder, Ohrringe und Schuhspangen. Fünf Etuis enthielten Halsbänder und andere größere Schmuckstücke, deren Steine aus irgendeinem Grund aus der Fassung genommen worden waren und lose in kleinen Häufchen dalagen. Die Schnur von zwei Perlenketten – die eine sehr lang, die andere kurz, aber dafür aus ungewöhnlich großen, gleichförmigen, zart rosa Perlen – war gerissen oder zerfallen, und wenn man die Schachtel in die Hand nahm oder sie absetzte, rollten und stießen die Perlen ganz sanft aneinander, wie Kieselsteine am Ufer. Da waren lange, schwere Ohrringe aus Perlen und Diamanten und bunten Steinen. Da waren drei funkelnde Diademe, das größte von ihnen ganz aus Diamanten.

Der Glanz der geschliffenen Steine und der matte, geheimnisvolle Schimmer der Perlen erfüllten das Herz des Künstlers mit Andacht, mit schlichter und demütiger Dankbarkeit für die schönen Dinge dieser Welt. Lange stand er, in ihre Betrachtung verloren, und erkor bald das eine, bald das andere der Schmuckstücke zum allerschönsten.

Eine Weile später dachte er: Ja, so hat das also zusammengehangen! Und Gott allein weiß, was in Wirklichkeit vorgegangen ist! Mußten die beiden Liebenden, nachdem sie ihre ganze Flucht so sorgfältig vorbereitet hatten, im letzten Augenblick Hals über Kopf verschwinden, um der Rache des Ehemannes zu entgehen? Oder waren sie vielleicht von einem Stallburschen verraten worden, so daß Ur-Ur-Urgroßvater George sie überraschte, als sie es am wenigsten erwarteten? Und wäre es möglich, daß ich unter den Dielenbrettern Skelette finden würde, wenn ich mich an eine gründliche Untersuchung machte?

Nonny überließ ihn für ein paar Minuten seinen Gedanken und befahl ihm dann, mit der Arbeit zu beginnen.

Er ließ sich gehorsam auf alle viere nieder, um das königliche Gefolge zu formieren. Die Krönungsprozession sollte sich von der Ecke aus auf Nonnys Sessel zubewegen, und man begann, den Vortrupp zu ordnen. Während die Prozession unter seinen Händen Gestalt annahm, gewann sie mehr und mehr an Glanz – die Karosse der Königin kam fast am Ende.

An der Spitze des ganzen Zuges, vor allen anderen, ritt Mr. Lee, High Constable von Westminster. Mr. Lee war ein großes, hohes Siegel aus Gold und Achat, geschmückt mit dem Familienwappen. Er konnte kerzengerade stehen und führte sich mit viel Würde.

Dann kam eine lebhafte Schwadron der Leibgarde, Reihen kleinerer Rubine von einem Halsband.

Darauf folgten die Wagen der königlichen Familie, schwere Gold- und Diamantenarmbänder, jedes mit einem schnaubenden Gespann von vier Ringen davor. Der letzte in der Reihe, die Karosse der Königinmutter, war ein Diadem mit sechs davorgespannten Diamantringen, und die Königinmutter, eine sehr große, dicke Perle, lehnte sich anmutig an die innere Rundung des Diadems.

Den königlichen Wagen folgte ein Musikkorps zu Pferde – Broschen in allen Farben und Formen.

Und jetzt marschierten die runden, rosa Perlen des Halsbandes los, das waren die achtundvierzig ausgewählten Bootsmänner der Königin.

Gleich darauf tauchte noch eine Schwadron der Leibgarde der Königin auf, vornehmer als die erste, aus größeren Rubinen, und die hatten Schwierigkeiten, ihre Pferde zu zügeln.

Danach: die grünen königlichen Jäger, lauter Smaragde.

Leibwächter auf weißen Pferden waren Diamanten.

Und jetzt endlich rollte die Karosse Ihrer Majestät heran! Sieh nur, das große leuchtende und strahlende Diadem hinter sechs Paar Ohrgehängen, die sich der Ehre, die ihnen zuteil wird, bewußt sind und von denen das leichteste Paar ganz vorn und das üppigste Paar unmittelbar vor dem Wagen geht.

»Setz jetzt Königin Victoria in die Karosse!« rief Nonny. »Ist sie nicht reizend, ganz in Weiß!«

Mit besonderer Sorgfalt plazierte Cedric Königin Victoria in der Mitte vom Halbrund des Diadems. Im selben Augenblick fiel ihm ein, daß man ihm als Kind die Geschichte dieses großen Diamanten erzählt hatte, der vor zweihundert Jahren unter abenteuerlichen, soweit er sich erinnerte, etwas zweifelhaften Umständen aus der Schatzkammer eines Maharadschas erworben worden war.

Der Karosse folgte das letzte Regiment, Perlen aus dem langen Halsband stießen vor.

»Steh auf, Onkel Cedric«, sagte Nonny, »und sieh dir die Prozession an. Jetzt rufen alle Menschen hurra, und den ganzen Weg über singen sie ›God save the Queen‹.«

Er stand auf und versuchte sich den Staub von seiner Hose zu klopfen, aber er gab es wieder auf und widmete der Prozession seine ganze Aufmerksamkeit.

Nach einer Weile trafen sich seine und Nonnys Augen über der Prozession. Das Gesicht des kleinen Mädchens war ruhig und heiter, vor Glück gerötet – ein reizender, fast vollkommener Kinderkopf, mit einer Spur von etwas Überirdischem.

»Sag jetzt was über die Prozession, Onkel Cedric«, sagte sie.

»Sie sieht wie Aladins Höhle aus, Nonny«, sagte er.

Diese Worte beschworen das Mittagessen im Hotel in Dover und Annabells Gesicht herauf. Sein Herz wurde schwer. *Ein* großer Rubin aus Holland in einem Armband, dachte er sehr langsam. Ein einziger Rubin. Und dann all dies in ihrer eigenen Sattelkammer! Ach, Annabell! Ach, meine Schwester Annabell!

»Nein, Onkel Cedric«, rief Nonny zornig. »Du darfst nicht sagen, daß sie wie Aladins Höhle aussieht, wenn es doch die Krönungsprozession Ihrer Majestät der Königin ist.«

»Doch, ich finde, das darf ich sagen, Nonny«, äußerste Cedric so langsam, wie er zuvor gedacht hatte. »Darum geht es doch gerade. Denn das *ist* die Krönungsprozession Ihrer Majestät der Königin. Aber manch einer könnte sagen, daß sie ein bißchen wie Aladins Höhle aussieht.«

»Na ja«, sagte Nonny.

Darauf seufzte sie.

»Ich werde ja immer wieder hierherkommen, Onkel Cedric«, sagte sie. »Du mußt sie also alle wieder in die Boxen und in den Stall zurückstellen und ›Zoedone‹ davorhängen, damit er auf sie aufpaßt. Dann kann kein Mensch auf der Welt sie finden, nur du und ich.«

»Ja, ich werde sie bestimmt wieder hineinstellen, Nonny«, sagte er.

»Und dann kann es doch genauso werden«, fügte er nach einer Pause hinzu, »als wäre Billy hier, nicht wahr?«

Sie dachte einen Augenblick über das nach, was er gesagt hatte.

»Nein«, sagte sie. »Nein, nicht genauso. Aber bald . . .« Sie brach den Satz ab.

»Aber bald«, nahm sie ihn mit fester und klarer Stimme erneut auf und sah ihn dabei mit einem tiefen, hellen Blick an, »werde ich ganz gesund. Dann kommt Billy. Und dann sind er und ich wieder zusammen – für immer!«

Mark Twain

Ein echter mexikanischer Zosse

Ich beschloß, mir ein Reitpferd anzuschaffen. Nie hatte ich außerhalb eines Zirkus solch eine wilde, freie, großartige Reitkunst gesehen, wie sie diese malerisch gekleideten Mexikaner, Kalifornier und mexikanisierten Amerikaner jeden Tag in den Straßen von Carson zeigten. Wie sie ritten! Sich ganz leicht aus der Senkrechten vornüber legend, leger und nonchalant, mit vorn hochgewehter Sombrerokrempe und über dem Kopf schwingender langer Riata brausten sie wie der Wind durch die Stadt! Und waren im nächsten Augenblick nur noch ein dahinsegelndes Staubwölkchen in der fernen Wüste. Wenn sie trabten, saßen sie graziös und anmutig im Sattel und schienen mit dem Pferd verwachsen, hampelten nicht nach der blöden gezierten Manier der Reitschulen auf und ab. Ich hatte schnell gelernt, ein Pferd von einer Kuh zu unterscheiden, und war ganz versessen darauf, mehr zu lernen. Also beschloß ich, mir ein Pferd zu kaufen.

Während mir dieser Gedanke im Kopfe herumschwirrte, kam der Auktionator auf einem schwarzen Viech über die Plaza gebraust, das so eckig und höckerig wie ein Dromedar und entsprechend häßlich war. Doch es schien zu gefallen: »Zweiundzwanzig zum ersten! Pferd, Sattel und Zügel für zweiundzwanzig Dollar, meine Herren!« – und ich konnte kaum widerstehen.

Ein mir unbekannter Mann (der Bruder des Auktionators, wie sich dann herausstellte) bemerkte den sehnsüchtigen Blick in meinen Augen und ließ fallen, das sei ein respektables Pferd für den Preis und fügte hinzu, allein schon der Sattel wäre soviel wert. Es war ein spanischer Sattel mit gewichtigen Tapaderos und dem ungefügen Sohlenlederbezug mit dem unaussprechlichen Namen. Ich sagte, ich hätte nicht übel Lust zu bieten. Daraufhin schien mich dieser scharfäugige Mensch zu »taxieren«; als er aber redete, wies ich den Verdacht von mir, denn er gab sich ganz offen und aufrichtig. Er sagte: »Ich kenne dieses Pferd – kenne es gut. Da Sie hier fremd sind, wie ich vermute, halten Sie es vielleicht für ein amerikanisches Pferd, aber ich versichere Ihnen, das ist es keineswegs. Nichts dergleichen, sondern – entschuldigen Sie, daß ich so leise spreche, aber es sind Leute in der Nähe – es ist ohne den geringsten Zweifel ein echter mexikanischer Zosse!«

Ich hatte zwar keine Ahnung, was ein echter mexikanischer Zosse war, doch in dem, wie dieser Mann das sagte, lag etwas, das mich innerlich geloben hieß, mir unbedingt einen echten mexikanischen Zossen anzuschaffen.

»Sonstige ... äh ... Vorzüge?« fragte ich, jeden Eifer unterdrückend, soweit ich konnte.

Er hakte seinen Zeigefinger in die Tasche meines Militärhemds, führte mich auf die Seite und hauchte mir eindrucksvoll die Worte ins Ohr:

»Überbockt alles in Amerika!«

»*Vier*undzwanzigeinhalb Dollar zum zweiten, meine ...«

»Siebenundzwanzig!« rief ich wie von Sinne.

»Zum dritten!« sagte der Auktionator und übergab mir den echten mexikanischen Zossen.

Ich vermochte kaum, mein Frohlocken zurückzuhalten. Ich bezahlte das Geld und brachte das Pferd in einen benachbarten Mietstall, damit es Mittag essen und sich ausruhen konnte.

Am Nachmittag führte ich den Gaul auf die Plaza, und einige Bürger hielten ihn am Kopf und andere am Schwanz fest, während ich aufsaß. Sobald sie losließen, setzte er alle vier Füße zu einem Bündel zusammen, senkte den Rücken durch und wölbte ihn dann plötzlich hoch und schoß mich drei bis vier Fuß kerzengerade in die Luft! Genauso kerzengerade kam ich wieder herunter, plumpste in den Sattel, flog sofort wieder hoch, kam fast auf dem hohen Knauf runter, schoß von neuem nach oben und landete auf dem Hals des Pferdes – alles im Zeitraum von drei bis vier Sekunden. Dann stieg der Zosse beinahe senkrecht auf die Hinterbeine, und mich verzweifelt an den dürren Hals klammernd, rutschte ich in den Sattel zurück und hielt mich da fest. Kaum wieder unten, schmiß der Gaul die Hakken in die Luft und versetzte dem Himmel einen heimtükkischen Tritt und vollführte einen Handstand. Und dann kam er wieder herunter und fing von neuem mit der Ausgangsübung an, mich kerzengerade hochzuschießen. Als ich zum drittenmal hochging, hörte ich einen Fremden sagen:

»Mann, der *bockt* aber!«

Während ich mich gerade oben befand, versetzte jemand dem Pferd einen knallenden Schlag mit einem Lederriemen, und als ich wieder herunterkam, war kein echter mexikanischer Zosse mehr da. Ein kalifornischer Jüngling machte sich an die Verfolgung, und er fing ihn ein und fragte, ob er mal drauf reiten dürfe. Ich gewährte ihm diese Wonne. Er bestieg den Echten, wurde einmal in die Luft gehoben, gab aber beim Herunterkommen dem Gaul seine Sporen zu schmecken und der sauste ab wie ein Telegramm. Er schwirrte über drei Zäune und verschwand die Straße hinunter in Richtung Washoe Valley.

Ich setzte mich mit einem Seufzer auf einen Stein, und auf Grund eines Naturtriebes suchte meine eine Hand die Stirn und die andere die Magengrube. Ich glaube, ich hatte bis dahin noch nie richtig gemerkt, wie dürftig die menschliche Maschinerie ist – denn ich brauchte eigentlich noch ein, zwei Hände, um sie anderswo draufzutun. Keine Feder kann beschreiben, wie durchgeschüttelt ich war. Keine Phantasie kann sich ausmalen, wie verrenkt ich war – wie innerlich, äußerlich und überhaupt verstört, durcheinander und aus den Fugen. Doch es umgab mich eine teilnahmsvolle Menge.

Ein nicht mehr ganz jung aussehender Tröster sagte:

»Bist reingelegt worden, Fremder. Diesen Gaul kennt jeder hier im Camp. Hätte dir jedes Kind, jeder Indianer sagen können, daß er bockt; ist der allerschlimmste Bockteufel von ganz Amerika. Mir kannst du glauben. Bin Curry. *Old* Curry. Old *Abe* Curry. Ist außerdem durch und durch ein original echter verflixter mexikanischer Zosse, und dabei noch ein ganz gemeiner. Mann, hättest du bloß den Schnabel gehalten und abgewartet, du Pinsel; für 'n Puppenlappen mehr, als du für diese verdammte ausländische Schindermähre berappt hast, läßt sich doch ein *amerikanisches* Pferd kriegen.«

Ich ließ mir nichts anmerken, nahm mir jedoch vor, falls die Beerdigung des Bruders von dem Auktionator stattfinden sollte, solange ich im Territorium war, alle anderen Belustigungen aufzuschieben und an ihr teilzunehmen.

Nach einem Galopp von sechzehn Meilen kamen der kalifornische Jüngling und der Echte wieder in die Stadt gestürmt, wobei sie so mit Schaumflocken um sich spritzten, wie ein Taifun Gischt vor sich herfegt, und gingen nach einem Schlußsprung über einen Schubkarren und einen Chinesen vorm »Landhaus« vor Anker.

Welch Keuchen und Schnaufen! Welch Aufblähen und Zusammenziehen der roten Pferdenüstern und welch Funkeln der wilden Pferdeaugen! Doch war das erlauchte Tier gebändigt? Mitnichten. Seine Gnaden, der Parlamentspräsident, dachten aber doch und schwangen sich in den Sattel und ritten zum Kapitol hinunter. Der erste Satz, den der Gaul machte, ging über einen Stapel Telegrafenmasten von halber Kirchturmhöhe, und seine Zeit bis hin zum Kapitol – eindreiviertel Meilen – ist bis heute ungeschlagen. Er schuf sich allerdings günstigere Rennbedingungen – er ließ die Meile aus und lief nur die drei Viertel. Also schnurgeradeaus und querfeldein, wobei er Zäune und Gräben einer gewundenen Straße vorzog; und als der Herr Präsident dann am Kapitol anlangte, erklärte er, er wäre so viel oben in der Luft gewesen, daß es ihm vorgekommen sei, als hätte er den Ritt auf einem Kometen gemacht.

Am Abend kam er zurück – zu Fuß, um sich ein bißchen Bewegung zu machen, und den Echten hatte er hinten an einem Quarzwagen angebunden. Am nächsten Tag lieh ich das Tier dem Protokollführer des Repräsentantenhauses, der damit zur sechs Meilen entfernten Dana-Silbermine wollte, und auch er kam zu Fuß zurück, um sich auszulaufen, mit dem Pferd im Schlepp. Immer kamen alle, denen ich den Gaul lieh, zurückgestiefelt; anders konnten sie sich nie genug Bewegung verschaffen. Doch ich verpumpte ihn weiter an jeden, der ihn mal haben wollte; denn ich hoffte, es würde ihn einer zum Krüppel machen, dem ich ihn dann aufhängen könnte, oder einer ihn totreiten, der ihn mir bezahlen müßte. Aber irgendwie geschah dem Zossen nie etwas. Er überstand Gefahren, die kein anderes Pferd überlebt hätte, und er kam immer heil davon. Zu seinen täglichen Gewohnheiten gehörte es, Dinge zu versuchen, die bisher als unmöglich gegolten hatten, die er jedoch stets schaffte. Manchmal verrechnete er sich ein bißchen und bekam seinen Reiter nicht unbeschadet durch, sich selber aber immer. Natürlich bemühte ich mich, ihn loszuschlagen, doch das war ein Rechnen mit der Einfalt anderer, das auf wenig Anteilnahme stieß. Der Auktionator preschte auf dem Echten vier Tage lang die Straßen auf und ab und trieb die Bevölkerung auseinander, verursachte Verkehrsstörungen und zertrampelte Kinder und erhielt kein einziges Angebot – zumindest kein anderes als die achtzehn Dollar, die zu bieten er einen notorisch mittellosen Eckensteher gedungen hatte. Die Leute lächelten nur vergnügt und hielten ihre Kauflust im Zaum, so sie welche hatten. Dann schickte der Auktionator seine Rechnung, und ich zog den Gaul vom Markt zurück. Wir versuchten nun, ihn auf eigene Faust zu versteigern, indem wir ihn mit Verlust gegen gebrauchte Grabsteine, Alteisen, Mäßigkeitstraktate anboten – gegen jedwede Art von Mobilien. Doch die, welche besaßen, bissen nicht an, und wir zogen uns wiederum vom Markt zurück. Reiten tat ich den Gaul niemals mehr. Laufen genügte als Bewegung für einen Mann wie mich, dem außer Knochenbrüchen, inneren Verletzungen und dergleichen nichts fehlte. Schließlich versuchte ich, ihn zu *verschenken*. Gelang aber nicht. Die Leute sagten, Erdbeben gäbe es an der Pazifikküste genug – sie wollten nicht noch eins auf dem Hals haben. Als letzte Zuflucht bot ich ihn dem Gouverneur für die Brigade an. Anfangs leuchtete sein Gesicht lebhaft auf, verdunkelte sich aber wieder, und er sagte, das wäre doch zu offensichtlich.

Um diese Zeit präsentierte der Mann vom Mietstall die Rechnung für sechs Wochen – Stall für Pferd: fünfzehn Dollar; Heu für Pferd: zweihundertfünfzig Dollar! Der echte mexikanische Zosse hatte eine Tonne Heu gefressen, und der Mann sagte, hätte er ihn gelassen, hätte er hundert gefressen.

Ich möchte hier ganz ernsthaft bemerken, daß während jenes Jahres und teilweise auch während des nächsten der reguläre Heupreis wirklich zweihundertfünfzig Dollar die Tonne betrug. Im Jahr davor hatte er eine Zeitlang auf fünfhundert Golddollar pro Tonne gestanden, und während des vorangegangenen Winters war Heu so knapp gewesen, daß kleine Mengen nicht selten achthundert Dollar Hartgeld pro Tonne gebracht hatten! Die Folgen kann man sich wohl ohne weiteres denken: Die Leute ließen ihr Vieh frei zum Verhungern, und bevor der Frühling kam, waren das Carson und Eagle Valley buchstäblich mit Kadavern bedeckt! Jeder alte Ansiedler kann das bestätigen.

Es gelang mir, die Stallrechnung zu bezahlen, und noch am selben Tag schenkte ich den echten mexikanischen Zossen einem durchziehenden Auswanderer aus Arkansas, den mir Fortuna in die Hände spielte. Sollte ihm dies hier jemals vor Augen kommen, wird er sich zweifellos der Gabe erinnern.

Nun, wer einmal das Glück gehabt hat, einen echten mexikanischen Zossen zu reiten, wird das in diesem Kapitel geschilderte Tier wiedererkennen und es kaum als übertrieben betrachten – die Uneingeweihten aber dürfen sich berechtigt fühlen, sein Porträt als Phantasieskizze anzusehen.

James Herriot

Der Backenzahn

Beim Frühstück beobachtete ich, wie sich der Herbstdunst in dem morgendlichen Sonnenschein auflöste. Es würde wieder ein schöner Tag werden, und doch wehte ein kühler Hauch durch das alte Haus, ein Frösteln, als berühre uns eine kalte Hand und erinnere daran, daß der Sommer vorbei war und die harten Monate bevorstanden.

Siegfried lehnte die *Darrowby and Houlton Times* sorgfältig gegen die Kaffeekanne. »Hier steht, daß Bauern nichts für ihre Tiere empfinden.«

Ich bestrich ein Stück Toast mit Butter und sah zu ihm hinüber. »Soll das heißen, daß sie grausam gegen ihre Tiere sind?«

»Nicht gerade grausam, aber dieser Bursche behauptet, für einen Bauern sei das Vieh etwas rein Kommerzielles und er bringe seinen Tieren kein Gefühl, keine Zuneigung entgegen.«

»Na ja, wenn sie alle so wären wie Kit Bilton, würden sie doch samt und sonders durchdrehen.«

Kit Bilton war ein LKW-Fahrer, der wie viele Arbeiter in Darrowby alljährlich sein Schwein für den Eigenbedarf mästete. Die Sache hatte nur einen Haken: Wenn Kit das Schwein schlachten mußte, weinte er drei Tage lang.

»Da haben Sie recht.« Siegfried beugte sich vor und säbelte von Mrs. Halls selbstgebackenem Brot eine Scheibe ab. »Aber Kit ist kein richtiger Bauer. Dieser Artikel handelt von Leuten, die eine Menge Vieh besitzen. Die Frage lautet: Ist es diesen Männern möglich, sich gefühlsmäßig zu engagieren? Kann der Bauer, der fünfzig Kühe oder mehr melkt, eine dieser Kühe wirklich gern haben, oder sind es einfach milchproduzierende Gegenstände?«

»Ein interessantes Thema«, sagte ich. »Und ich glaube, es kommt in der Tat auf die Anzahl der Tiere an. Hier im Hochland gibt es viele Bauern, die nur ein paar Kühe haben, und denen geben sie immer Namen – Daisy, Mabel, und neulich wurde ich sogar zu einer gerufen, die Kipperlugs hieß. Ich glaube unbedingt, daß diese Kleinbauern mit Liebe an ihren Tieren hängen, aber ich bezweifle, daß die Großbauern so etwas empfinden können.«

Siegfried stand vom Tisch auf und reckte sich behaglich. »Sie haben vermutlich recht. Vielleicht finden Sie es heute heraus, denn ich schicke Sie zu einem von diesen Großbauern. John Skipton in Dennaby Close – da müssen ein paar Zähne abgefeilt werden. Bei zwei alten Pferden in ziemlich mickeriger Verfassung. Am besten nehmen Sie alle Instrumente mit, wer weiß, was sich da noch ergibt.«

Ich ging in den kleinen Raum am Endes des Ganges und inspizierte die Zahninstrumente. Ich fühlte mich immer in mittelalterliche Zeiten zurückversetzt, wenn ich die Zähne von Großtieren behandeln mußte, aber in den Tagen des Zugpferdes gehörte so etwas zu den tierärztlichen Pflichten.

Voller Abscheu betrachtete ich die Instrumente: die mehr als zwei Fuß lange, gefährlich aussehende Zahnzange, die scharfe Schere, die Mundknebel, die Hämmer und Meißel, die Feilen und Raspeln – es war eine Art Musterkollektion für Folterknechte. Wir transportierten die Instrumente in einem Holzkasten mit Griff, und so schleppte ich die hübsche Sammlung zum Wagen.

Dennaby Close war nicht nur ein stattlicher Bauernhof, sondern auch ein Beweis dafür, was die Ausdauer und das Können eines Mannes vermögen. Das hübsche alte Haus, die großzügig gebauten Ställe und Scheunen, die weiten Flächen saftigen Graslands auf den unteren Hängen des Fell, alles war ein Beweis dafür, daß der alte John Skipton etwas nahezu Unmögliches vollbracht hatte. Er war vom einfachen Landarbeiter zum reichen Großgrundbesitzer aufgestiegen.

Dieses Wunder war nur durch unendliche Mühe und Arbeit möglich gewesen. Der alte John hatte ein hartes Leben hinter sich, das die meisten Männer umgebracht hätte, ein Leben, in dem kein Platz war für eine Frau, eine Familie oder ein wenig Müßiggang. Aber nicht mit Arbeit allein hatte er es geschafft. Er besaß einen erstaunlichen Scharfsinn in landwirtschaftlichen Dingen, und dadurch hatte der alte Mann in der ganzen Gegend einen geradezu legendären Ruhm erlangt. »Wenn alle die eine Straße fahren, wähle ich die andere« – das war einer seiner vielzitierten Aussprüche, und die Skipton-Höfe hatten in den schlechten Zeiten, als andere Bauern bankrott gingen, tatsächlich Geld eingebracht. Dennaby war nur einer von Johns Höfen, er hatte weiter unten im Dale noch zwei andere Besitzungen mit je vierhundert Morgen Ackerland.

Er hatte gesiegt, aber manche Leute meinten, eigentlich sei er der Besiegte. Nachdem er sich all die Jahre derartig abgerackert hatte, konnte er nun nicht mehr aufhören. Sein Reichtum gestattete ihm, sich jeden Luxus zu leisten, aber er hatte dazu einfach keine Zeit; man sagte, die ärmsten seiner Arbeiter lebten besser als er.

Ich blieb stehen, als ich aus dem Wagen gestiegen war, und betrachtete das Haus, als sähe ich es zum erstenmal. Wieder staunte ich, mit welcher Anmut und Würde es dreihundert Jahre lang dem rauhen Klima die Stirn geboten hatte. Die Leute kamen von weit her nach Dennaby Close, um das schöne Herrenhaus mit seinen großen bleigefaßten Fenstern, den moosbewachsenen alten Dachziegeln und den gedrungenen Schornsteinen zu fotografieren. Sie wanderten auch durch den vernachlässigten Garten und erklommen die weit geschwungene Freitreppe, die zum Eingangsportal mit dem mächtigen Steinbogen über der großen Tür führte.

Aus einem dieser Fenster hätte eine schöne Frau in alter Tracht schauen müssen, um einem Kavalier mit Rüschen und Kniehose zu winken, der unter der hohen Mauer mit ihren spitzen Kappen einherstolzierte. Aber da war nur der alte John, der mir ungeduldig entgegenstapfte. Seine abgetragene, knopflose Jacke wurde durch einen um den Leib geschlungenen Strick zusammengehalten.

»Kommen Sie einen Moment herein, junger Mann«, rief er. »Ich muß Ihnen noch eine Rechnung bezahlen.« Er führte mich zur Rückseite des Hauses. Durch eine mit Steinplatten ausgelegte Küche gelangten wir in ein geräumiges Zimmer, das nur mit einem Tisch, ein paar Holzstühlen und einem uralten Sofa möbliert war.

John Skipton ging zum Kamin und zog hinter der Uhr auf dem Sims einen Stoß Papiere hervor. Er blätterte sie durch, warf einen Umschlag auf den Tisch, brachte dann ein Scheckbuch zum Vorschein und knallte es vor mir auf den Tisch. Ich tat das Übliche – nahm die Rechnung aus dem Umschlag, schrieb den Betrag auf das Scheckformular und schob es ihm zur Unterschrift hin. Er malte seinen Namenszug sorgfältig und konzentriert, das schmale, wettergegerbte Gesicht so weit vorgeneigt, daß der Schirm der alten Tuchmütze beinahe die Feder berührte.

Als ich den Scheck eingesteckt hatte, sprang John auf. »Wir müssen zum Fluß runter, die Pferde sind da unten.« Er verließ das Haus beinahe im Laufschritt.

Ich wuchtete den Instrumentenkasten aus dem Kofferraum des Wagens. Es war komisch, aber immer wenn ich schwer zu tragen hatte, waren meine Patienten weit weg. Der Kasten schien mit Blei gefüllt zu sein, und auf dem Weg über die mit Mauern umfriedeten Weiden würde er auch nicht leichter werden.

Der alte John ergriff eine Heugabel, spießte einen Ballen Heu auf und lud sich die Last mühelos auf die Schulter. Dann setzte er mit unverminderter Geschwindigkeit seinen Weg fort. Wir gingen von einem Gatter zum anderen, oft quer über die Felder. Auf halber Höhe kamen wir an einer Gruppe von Männern vorbei, die einen Riß in einer der trockenen Steinmauern reparierten. Einer der Männer sah auf. »Schöner Morgen heute, Mr. Skipton«, rief er fröhlich.

»Zum Teufel mit dem Morgen. Arbeite lieber etwas

schneller«, brummte der alte John, und der Mann lächelte zufrieden, als hätte ihm der Bauer ein Kompliment gemacht.

Ich war froh, als wir das flache Land erreichten. Meine Arme schienen um einige Zoll länger geworden zu sein, und der Schweiß lief mir über die Stirn. Der alte John wirkte unverändert frisch und munter; er hob die Heugabel von seiner Schulter und ließ den Ballen schwungvoll ins Gras klatschen.

Bei dem Geräusch drehten sich die beiden Pferde zu uns um. Sie standen bis zu den Fesseln in dem seichten Wasser, dicht an einem kleinen Strand, der in den grünen Grasteppich überging. Die Tiere hatten unsere Ankunft nicht bemerkt, weil jedes sein Kinn ganz sanft am Rücken des anderen rieb. Eine hohe Felswand ragte über dem jenseitigen Flußufer auf und bildete einen idealen Windschutz, während links und rechts von uns Eichen und Buchen in der Herbstsonne leuchteten.

»Ein hübsches Plätzchen, Mr. Skipton«, sagte ich.

»Ja, hier können sie sich bei heißem Wetter abkühlen, und für den Winter haben sie die Scheune dort.« John zeigte auf ein niedriges Gebäude mit dicken Mauern und einer einzigen Tür. »Sie können kommen und gehen, wie es ihnen gefällt.«

Der Klang seiner Stimme lockte die Pferde aus dem Fluß. Als sie in schwerfälligem Trab näher kamen, sah ich, daß sie sehr alt waren. Die Stute war braun und der Wallach rotbraun, aber beide hatten so grau gesprenkelte Deckhaare, daß sie fast wie Falben aussahen. Das kam besonders in ihren Gesichtern zum Ausdruck; die weißen Haare und die tief in den Höhlen liegenden Augen verliehen ihnen ein wahrhaft ehrwürdiges Aussehen.

Trotzdem tollten sie um John herum, stampften mit den Füßen, warfen die Köpfe zurück und stupsten mit ihren Mäulern an Johns Mütze herum.

»Macht, daß ihr wegkommt!« schrie er. »Verrückte alte

Burschen.« Aber er zupfte an der Mähne der Stute und strich kurz über den Nacken des Wallachs.

»Wann haben die Tiere zuletzt gearbeitet?« fragte ich.

»Ach, das wird wohl zwölf Jahre her sein.«

Ich starrte John an. »Zwölf Jahre! Und waren sie seither immer hier unten?«

»Ja, sie leben wie Rentner. Haben's auch verdient.« Er schwieg einen Augenblick, stand mit hochgezogenen Schultern da, die Hände tief in den Jackentaschen. Dann sagte er leise, wie zu sich selbst: »Sie waren Sklaven, als ich noch ein Sklave war.« Er drehte sich um und sah mich an, und einen Moment lang las ich in den blaßblauen Augen etwas von seinen Anstrengungen und Kämpfen, an denen diese Tiere teilgehabt hatten.

»Aber zwölf Jahre! Wie alt sind sie denn?«

John verzog den Mund zu einem Grinsen. »Wer von uns ist denn der Tierarzt? Stellen Sie es doch fest.«

Ich trat vertrauensvoll vor, packte die Oberlippe der Stute und besah mir die Zähne.

»Großer Gott!« keuchte ich. »So was hab' ich noch nie gesehen.«

Die Schneidezähne waren ungeheuer lang, standen so weit vor, daß sie einen Winkel von fast fünfundvierzig Grad bildeten, und hatten überhaupt keine Altersmerkmale mehr.

Ich lachte und drehte mich wieder zu dem alten Mann um. »Ich könnte nur raten. Sie müssen es mir schon sagen.«

»Also die Stute ist ungefähr dreißig und der Wallach ein oder zwei Jahre jünger. Sie hat fünfzehn prächtige Fohlen gehabt und ist nie krank gewesen, bis auf die üblichen Zahnbeschwerden. Wir haben die beiden ein- oder zweimal raspeln lassen, und ich schätze, jetzt muß es wieder mal gemacht werden. Sie lassen das Heu halb gekaut aus dem Mund fallen. Bei dem Wallach ist es am schlimmsten, er hat mächtig viel Mühe, sein Futter zu kauen.«

Ich steckte meine Hand in das Maul der Stute, packte ihre

Zunge und zog sie seitlich heraus. Eine rasche Untersuchung der Backenzähne mit der anderen Hand bestätigte meinen Verdacht: Die Außenkanten der oberen Zähne waren zu stark und schartig geworden, so daß sie die Wangen wundscheuerten. Die Innenkanten der unteren Backenzähne waren in einer ähnlichen Verfassung, und die Zunge rieb sich an ihnen.

»Das werden wir gleich haben, Mr. Skipton. Ich schleife diese scharfen Kanten ab, und dann geht es wieder.« Ich holte die Raspel aus dem Instrumentenkasten, hielt die Zunge mit einer Hand fest und ließ die rauhe Oberfläche der Raspel über die Zähne gleiten. Ab und zu prüfte ich mit den Fingern, ob die Spitzen schon genügend gekürzt seien.

»So wird's gehen«, sagte ich nach ein paar Minuten. »Wenn ich zu sehr glätte, kann sie ihr Futter nicht kauen.«

»Ist gut«, brummte John. »Nun sehen Sie sich noch den Wallach an. Mit dem stimmt irgendwas nicht.«

Ich befühlte die Zähne des Wallachs. »Genau wie bei der Stute. Kein Problem.«

Aber als ich die Raspel betätigte, hatte ich das unbehagliche Gefühl, daß irgend etwas nicht in Ordnung sei. Das Instrument rutschte nicht bis zum Ende der Zahnreihe; da war irgendein Hindernis. Ich hörte auf zu schleifen und tastete mit den Fingern so weit wie möglich nach hinten. Und dabei stieß ich auf etwas Seltsames, Unerwartetes. Ein großes Stück Knochen schien aus dem Gaumen zu ragen.

Ich leuchtete mit meiner Taschenlampe über den Rücken der Zunge. Nun war der Schaden leicht zu erkennen. Der letzte obere Backenzahn war übermäßig lang geworden, so daß sich jetzt eine säbelartige, etwa drei Zoll lange Spitze in das zarte Gewebe des unteren Zahnfleischs bohrte.

Hier war ein sofortiger Eingriff notwendig. Meine zuversichtliche Stimmung verflüchtigte sich. Jetzt mußte ich nämlich die entsetzliche Schere benutzen – dieses große Ding mit dem langen Griff und der verstellbaren Schraube. Das Instrument machte mich nervös, denn ich gehöre zu den

Leuten, die nicht mit ansehen können, wenn jemand einen Ballon aufbläst, und dies hier war die gleiche Prozedur, nur schlimmer. Man umschloß den Zahn mit den scharfen Schneideblättern der Schere und drehte dann sehr langsam die Schraube. Begann der Zahn bald darauf zu ächzen und zu knarren, so wußte man, daß er jede Sekunde abbrechen würde, und wenn er abbrach, war es so, als hätte jemand einen Schuß abgefeuert. Meistens war dann die Hölle los, aber ich hoffte inbrünstig, daß der Wallach, ein ruhiger, alter Gaul, nicht auf seinen Hinterbeinen herumtanzen würde. Die Operation verursachte keine Schmerzen, denn in dem überstehenden Teil des Zahns befand sich kein Nerv – nur das Geräusch war entnervend.

Aus meinem Kasten holte ich das gräßliche Instrument und einen Haussman-Knebel, den ich an den Schneidezähnen anbrachte. Dann öffnete ich die Sperrvorrichtung, bis der Mund weit aufgerissen war. Nun konnte ich alles gut erkennen, und natürlich – da war ein großer Zacken an der anderen Mundseite, genau wie der erste. Ich mußte also zwei von der Sorte entfernen.

Das alte Pferd stand geduldig da. Seine Augen waren fast geschlossen, als hätte es alles gesehen und nichts auf der Welt könnte es mehr aus der Ruhe bringen. Als das scharfe »Knack« ertönte, öffnete das Tier seine weißgeränderten Augen, aber sein Blick drückte nur sanftes Staunen aus. Es bewegte sich nicht einmal. Daß ich auch noch die andere Seite behandelte, schien es überhaupt nicht zu bemerken; mit dem Knebel, der seine Kiefer aufsperrte, sah es genauso aus, als gähne es vor Langeweile.

Während ich die Instrumente einpackte, sammelte John die harten Zahnsplitter auf und betrachtete sie interessiert. »Armer alter Bursche. Ein Glück, daß ich Sie gerufen habe, junger Mann. Ich schätze, er fühlt sich jetzt wesentlich besser.«

Auf dem Rückweg ging der alte John, jetzt von dem Heuballen befreit, doppelt so schnell wie zuvor. Er stapfte unverdrossen bergauf und benutzte dabei die Gabel als Stock. Ich keuchte hinterher und wechselte den Kasten alle paar Minuten von einer Hand in die andere.

Auf halbem Weg entglitt mir das Ding, und so konnte ich endlich einmal stehenbleiben und Atem schöpfen. Obgleich der alte Mann ungeduldig brummte, blickte ich zurück und sah, daß die beiden Pferde zu der flachen Stelle im Fluß zurückgekehrt waren und planschend miteinander spielten. Die Felswand bildete den dunklen Hintergrund des Bildes – der schimmernde Fluß, die bronze- und goldfarben leuchtenden Bäume und das liebliche Grün des Grases.

Als wir den Hof erreichten, machte John einen Augenblick halt. Er nickte ein-, zweimal und sagte: »Ich danke Ihnen, junger Mann.« Dann drehte er sich abrupt um und ging weg.

Ich warf den Kasten erleichtert in den Kofferraum, und plötzlich fiel mein Blick auf den Mann, der uns vorhin so fröhlich gegrüßt hatte. Er saß in einer sonnigen Ecke, an einen Stapel Säcke gelehnt, und nahm gerade sein Eßpaket aus einem alten Brotbeutel.

»Sie waren da unten bei den Pensionären, nicht wahr?« sagte er. »Na, wenn einer den Weg dorthin kennt, dann der alte John.«

»Er besucht sie wohl regelmäßig?«

»Regelmäßig? Jeden Tag, den Gott werden läßt, stapft der alte Bursche zu ihnen hinunter, ganz egal, ob es regnet, schneit oder stürmt. Und immer hat er was bei sich – einen Sack Korn oder Stroh für ihr Lager.«

»Und das macht er schon seit zwölf Jahren?«

Der Mann schraubte seine Thermosflasche auf und goß sich eine Tasse schwarzen Tee ein. »Ja, die Pferde haben all die Zeit nicht gearbeitet, und er hätte von den Roßschlächtern ein gutes Stück Geld für sie kriegen können. Merkwürdiger Kerl, der Alte, nicht wahr?«

»Stimmt«, sagte ich.

Der Gedanke, wie merkwürdig Johns Verhalten war, beschäftigte mich auf der Heimfahrt. Ich erinnerte mich an mein Gespräch mit Siegfried; wir waren zu dem Ergebnis gelangt, daß ein Mann mit sehr vielen Tieren wohl keine Zuneigung für einzelne unter ihnen empfinden könne. Aber was bewog John Skipton, dessen Viehbestand in die Hunderte ging, Tag für Tag und bei jedem Wetter zum Fluß hinunterzugehen? Warum hatte er dafür gesorgt, daß diese beiden alten Pferde einen schönen, friedlichen Lebensabend verbringen konnten? Warum hatte er ihnen jene Ruhe und Bequemlichkeit geschenkt, die er sich selbst nie gegönnt hatte?

Es konnte nur Liebe sein.

D. H. Lawrence

Der Sieger mit dem Schaukelpferd

Sie war eine schöne und mit lauter Vorteilen ausgestattete Frau; nur Glück hatte sie nicht. Sie heiratete aus Liebe, aber die Liebe zerging zu Staub. Sie hatte wohlgeratene Kinder, aber sie fand, daß sie ihr aufgezwungen worden seien, und daher liebte sie sie nicht. Die Kinder brachten ihr Kälte entgegen, als fänden sie Fehler an ihr. Dann bildete sie sich sogleich ein, daß etwas an ihr sei, das sie verbergen müßte; was dies aber sein könnte, wußte sie nie. Wenn die Kinder bei ihr waren, konnte sie fühlen, wie sich ihr Herz zutiefst verhärtete. Das beunruhigte sie, und sie gab sich um so zärtlicher und um die Kinder besorgter, als liebte sie sie über die Maßen. Nur sie selber wußte es, daß im Mittelpunkt ihres Herzens eine kleine Einöde war, die keinerlei Liebe aufbringen konnte, für niemanden auf der Welt. Allgemein hieß es von ihr: was für eine gute Mutter sie ist! Wie sie ihre Kinder anbetet! Nur sie selber und auch die Kinder selbst wußten, daß dem nicht so war. Sie lasen es einander an den Augen ab.

Es waren ein Junge und zwei kleine Mädchen. Sie lebten in einem angenehmen Haus mit Garten, hatten wohlgeschulte Dienstboten und kamen sich jedem in der Nachbarschaft überlegen vor.

Sie lebten auf großem Fuße, und doch war immer eine Angst im Haus spürbar. Es war nämlich nie genug Geld da. Die Mutter hatte ein kleines Einkommen, und der Vater hatte ein kleines Einkommen, aber für die gesellschaftliche Stellung, die sie beanspruchten, langte es nie. Der Vater fuhr in irgendein Büro in die Stadt, aber obwohl er ganz gute Aussichten auf Weiterkommen hatte, verwirklichten diese sich nie. Ständig lebte das zermürbende Gefühl der Geldknappheit in ihnen, wenn auch der Lebensstil aufrechterhalten wurde.

Schließlich verkündete die Mutter: Jetzt will ich mal sehen, ob *ich* was verdienen kann. Sie zerbrach sich den Kopf und versuchte das eine oder andere, brachte aber nichts zustande. Die Fehlschläge zeichneten Furchen in ihr Gesicht. Die Kinder wuchsen heran und mußten zur Schule. Mehr Geld mußte beschafft werden, immer mehr Geld. Der Vater, der immer gut aussah und anspruchsvoll in seinem Geschmack war, machte den Eindruck, nie etwas tun zu können, was sich lohnte. Die Mutter hatte bei all ihrem Selbstvertrauen auch keinerlei Erfolg, und dabei waren ihre Neigungen nicht minder kostspielig.

Daher wurde denn das Haus von dem unausgesprochenen Aufschrei heimgesucht: »Mehr Geld, mehr Geld!« Niemand sprach es laut aus, und doch vernahmen die Kinder es deutlich. Sie vernahmen es zu Weihnachten, wenn sich das Kinderzimmer mit teuren und prunkvollen Spielsachen füllte. Hinter dem funkelnden, modernen Schaukelpferd wie hinter der eleganten Puppenstube tuschelte es: »Wir brauchen mehr Geld, wir brauchen mehr Geld!« Die Kinder hielten im Spielen inne und lauschten. Sie blickten einander an, um festzustellen, ob sie es alle gehört hatten. Und jedes fand in den Augen der beiden anderen bestätigt, daß diese es auch gehört hatten. »Wir brauchen mehr Geld! Wir brauchen mehr Geld!«

Zwischen den Rucken des Schaukelpferdes, das sich noch bewegte, tuschelte es, und das Pferd selber, den zähneblekkenden, hölzernen Kopf neigend, vernahm es. Die große Puppe, die rosig und geziert in ihrem neuen Puppenwägelchen saß, vernahm es deutlich und schien nur noch selbstbewußter darüber zu lächeln. Sogar das dummelige Hündchen, das die Stelle eines Teddybären einnahm, sah aus keinem Grunde so töricht drein, als weil es im ganzen Haus das heimliche Getuschel vernahm: »Mehr Geld!«

Aber niemand sagte es laut. Das Getuschel war allerorten, eben darum sprach keiner es aus. Man sagte ja auch nicht »ich atme«, obwohl der Atem unablässig kommt und geht.

»Mutter«, fragte Paul eines Tages, »warum haben wir kein eigenes Auto? Warum nehmen wir immer nur das vom Onkel oder ein Taxi?«

»Weil wir der arme Zweig der Familie sind«, erwiderte die Mutter.

»Warum denn, Mutter?«

»Ich glaube«, erwiderte sie langsam und voller Bitterkeit, »weil Vater kein Glück hat.«

Der Junge schwieg eine Weile. Dann fragte er zaghaft: »Mutter, ist Glück Geld?«

»Das nicht, Paul. Aber durch Glück kommt man zu Geld.«

»Hm«, machte Paul nachdenklich. »Als Onkel Oskar ›Schweineglück‹ sagte, dachte ich, er meinte Geld.«

»Das tat er auch, aber Geld und Glück ist nicht dasselbe.«

»Ach . . . was ist denn aber nun Glück?«

»Gück ist das, wodurch man zu Geld kommt. Hast du Glück, so hast du auch Geld. Daher ist es besser, Glück zu haben, als reich geboren zu sein. Ist man reich, kann man sein Geld verlieren. Hat man aber Glück, so bekommt man immer mehr Geld.«

»Nein, wirklich! Und Vater hat kein Glück?«

»Überhaupt keins, kann man wohl sagen«, versetzte sie bitter.

Er sah sie mit unsicheren Blicken an. »Warum nicht?«

»Das weiß ich nicht. Man kann nie wissen, wieso einer Glück hat und ein anderer nicht.«

»Nicht? Kann kein Mensch es wissen?«

»Nein. Vielleicht Gott. Aber der verrät es nie.«

»Das sollte er aber. Und du hast auch kein Glück, Mutter?«

»Wie könnte ich – wo ich einen Mann habe, der keins hat!«

»Und du selber – hast keins?«

»Bevor ich heiratete, dachte ich's. Aber jetzt weiß ich, daß ich keins hab'.«

»Warum nicht?«

»Ach, laß nur. Vielleicht stimmt's auch gar nicht.«

Er musterte sie, ob sie im Ernst spräche. Aber an ihrem Mund merkte, daß sie sich nur vor ihm verstellte. Dann sagte er eigensinnig: »Aber *ich* habe Glück.«

Seine Mutter mußte lachen. »Wieso?«

Er wußte selber nicht, warum er es gesagt hatte. Dann versicherte er dreist: »Der liebe Gott hat es mir gesagt.«

»Hoffentlich, mein Junge!« entgegnete sie und lachte, aber voll Bitterkeit.

»Bestimmt, Mutter.«

»Ausgezeichnet«, sagte sie, wobei sie einen Lieblingsausdruck ihres Mannes gebrauchte.

Er merkte, daß sie ihm nicht glaubte oder jedenfalls seinen Worten keine Bedeutung beimaß. Das ärgerte ihn. Er wünschte, von ihr ernst genommen zu werden.

Verträumt und nach Kinderart auf der Suche nach Glück, machte er sich davon. Verstohlen und ohne irgend jemanden zu beachten, schlich er auf dieser Suche umher. Er wollte und wollte Glück haben. Wenn die beiden kleinen Mädchen im Kinderzimmer mit ihren Puppen spielten, setzte er sich auf sein Schaukelpferd und schaukelte mit solcher Wildheit auf und nieder, daß die Mädchen erschrocken zu ihm aufsahen.

Das Roß galoppierte feurig, Pauls schwarzes Haar flog in der Luft, seine Augen glänzten unheimlich. Die Mädchen wagten gar nicht, ihn anzureden.

Hatte er seinen Gewaltritt beendet, so stieg er ab, stellte sich vor das Pferd und starrte ihm auf den gesenkten Kopf. Das rote Pferdemaul stand etwas offen, die großen Augen waren weit aufgerissen und glasklar.

»Jetzt«, befahl er dann dem schnaubenden Renner, »jetzt trag mich dahin, wo das Glück ist. Sofort!«

Und er schlug das Pferd mit der kleinen Peitsche, die er von Onkel Oskar hatte, auf den Hals. Er wußte, daß das Pferd ihn zum Glück tragen konnte – er brauchte es nur zu zwingen. Er stieg wieder auf und begann seinen wilden Ritt von neuem. Er wußte, daß er dort hingelangen würde, wo das Glück war.

»Aber Paul, du wirst es noch kaputtmachen!« rief das Kindermädchen.

»So macht er es immer«, sagte die eine der Schwestern. »Wenn er doch aufhören wollte!«

Er starrte nur schweigend auf sie hinunter. Das Kindermädchen ließ ihn gewähren. Sie verstand ihn nicht; überhaupt wuchs er ihr schon über den Kopf.

Eines Tages kamen seine Mutter und Onkel Oskar hinzu, als er sich gerade auf einem seiner wilden Ritte befand. Er sprach nicht zu ihnen.

»Na, kleiner Jockey? Du reitest wohl einen Sieger?« sagte der Onkel.

»Bist du nicht allmählich zu groß für ein Schaukelpferd?« meinte die Mutter. »Du bist doch kein kleiner Junge mehr.«

Paul warf ihr nur einen blitzenden Blick aus seinen großen blauen Augen zu, die zu eng beinanderstanden. Wenn er ritt, sprach er zu niemandem. Seine Mutter beobachtete ihn besorgt. Plötzlich brach er ab, brachte sein Pferd in einen langsamen Trab und kletterte aus dem Sattel.

»Ich bin dagewesen!« verkündete er wild und mit blitzenden Augen und stand breit auf seinen stämmigen, langen Beinen.

»Wo denn?« fragte seine Mutter.

»Wo ich hinwollte!« gab er erregt zurück.

»Das ist recht«, sagte der Onkel. »Nie aufhören, eh man am Ziel ist. Wie heißt denn dein Pferd?«

»Es hat keinen Namen.«

»Läuft's denn auch ohne Namen gut?«

»Ach, es heißt mal so, mal so. Vorige Woche hieß es Sansovino.«

»Nanu, Sansovino? Das ist doch der, der das Ascot-Rennen gewonnen hat. Woher weißt du das?«

»Er spricht immer mit Bassett über die Rennen«, sagte die Schwester.

Das gefiel dem Onkel, daß sein kleiner Neffe über die Rennen Bescheid wußte. Bassett wußte auf der Rennbahn auch ausgezeichnet Bescheid. Bassett war der junge Gärtner, der im Krieg verwundet worden war; er hatte seine jetzige Stellung durch Onkel Oskar, bei dem er Bursche gewesen war, bekommen.

Bassett lebte förmlich für die Rennbahn – und der Junge mit ihm. Das erfuhr Oskar Creswell von ihm selber. »Master Paul kommt zu mir und fragt mich, da muß ich ihm doch antworten«, sagte Bassett. Sein Gesicht sah dabei so ungeheuer ernst aus, als spreche er von etwas Religiösem.

»Setzt er denn manchmal auf ein Pferd, von dem er meint, es machte den ersten Preis?«

»Ach, ich möchte ihn nicht verraten, Sir. Er ist ein richtiger kleiner Sportsmann. Könnten Sie ihn nicht lieber selbst fragen? Er hat solche Freude dran, und er könnte denken, ich hätte ihn verraten, Sir, nichts für ungut.« Er redete so ernst wie ein Pastor.

Der Onkel ging zu seinem Neffen und nahm ihn in seinem Auto mit. »Hör mal, Junge, hast du schon mal auf ein Rennpferd gesetzt?« fragte er.

Paul sah ihn mißtrauisch an. »Darf ich das nicht?« fragte er ausweichend.

»Ja, doch ... ich dachte nur, du könntest mir vielleicht einen Tip fürs Lincoln geben.«

Der Wagen fuhr schneller; es ging auf Oskars Landsitz in Hampshire hinaus.

»Ehrenwort?« fragte Paul.

»Ehrenwort, Junge!« sagte Onkel Oskar.

»Also schön. Daffodil.«

»Daffodil? Wenn das nur stimmt. Was meinst du zu Mirza?«

»Ich weiß nur, wer den Ersten macht. Das ist Daffodil.«

»Soso, Daffodil.« Pause. Daffodil war ein Außenseiter.

»Du, Onkel?«

»Ja?«

»Du sagst es doch nicht weiter? Ich habe es Bassett versprochen.«

»Zum Teufel mit Bassett, alter Junge! Was hat der damit zu tun?«

»Wir sind Partner. Das waren wir von Anfang an. Er hat mir die ersten fünf Shilling geliehen, die hab' ich verloren. Ich hab' ihm aber auf Ehrenwort versprochen, es solle unter uns bleiben. Dann hast du mir den Zehnshillingschein geschenkt, und mit dem habe ich zum erstenmal gewonnen. Darum dachte ich, du hast Glück. Aber du sagst es nicht weiter, ja?«

Er sah den Onkel aus großen, blauen, eng zusammenstehenden Augen funkelnd an. Der Onkel rutschte auf seinem Sitz hin und her und lachte betreten. »Meinetwegen. Und ich behalte deinen Tip für mich. Daffodil. Und wieviel setzt du auf Daffodil?«

»Alles bis auf zwanzig Pfund Reserve«, erwiderte Paul.

Das hielt der Onkel für einen Witz. »Also zwanzig Pfund Reserve, kleiner Märchenerzähler? Und wieviel wettest du?«

»Dreihundert«, sagte Paul ernst. »Aber nicht weitersagen, Ehrenwort!«

»Natürlich nicht, du kleiner Spekulant!« lachte der Onkel. »Aber woher hast du denn dreihundert?«

»Bassett bewahrt sie für mich auf. Wir sind ja Partner.«

»Richtig; und wieviel setzt Bassett auf Daffodil?«

»Ich glaube, er geht nicht ganz so hoch wie ich; vielleicht hundertfünfzig.«

»So, hundertfünfzig. Was eigentlich? Pennies?«

Paul sah in verwundert an: »Pfund! Bassett behält eine größere Reserve zurück als ich.«

Onkel Oskar schwieg, halb erstaunt und halb belustigt. Er forschte der Sache nicht weiter nach, beschloß aber, Paul aufs Lincoln-Rennen mitzunehmen. »Also, mein Junge«, sagte er, »ich setze zwanzig für mich auf Mirza und fünf für dich, auf welches Pferd du willst. Welches willst du?«

»Daffodil.«

»Aber doch nicht ganze fünf auf Daffodil!«

»Wenn die fünf mir gehören, doch«, sagte Paul.

»Auch gut. Fünf für dich und fünf für mich auf Daffodil.«

Der Junge war noch nie auf einem Rennen gewesen. Seine blauen Augen sprühten. Er preßte die Lippen zusammen und paßte auf. Ein vor ihm sitzender Franzose hatte sein Geld auf Lancelot gesetzt, fuchtelte ganz verrückt vor Aufregung mit den Armen und schrie mit seiner französischen Aussprache gellend: »Lancelot, Lancelot!«

Daffodil wurde Erster, Lancelot Zweiter und Mirza Dritter. Paul blieb trotz seiner geröteten Wangen und sprühenden Augen sonderbar ruhig. Onkel Oskar brachte ihm vier Fünfpfundscheine – vier zu eins. »Was machen wir damit?« fragte er und hielt sie dem Jungen vor die Augen.

»Wir können ja mit Bassett darüber reden«, meinte Paul. »Ich habe jetzt tausendfünfhundert Pfund, und außerdem zwanzig in Reserve, und nun noch diese zwanzig hier.«

Sein Onkel musterte ihn eine Zeitlang. »Hör mal, Junge«, sagte er dann, »das mit Bassett und den tausendfünfhundert ist doch nicht dein Ernst, oder?«

»Doch, natürlich! Aber du sagst es nicht weiter, nicht wahr? Ehrenwort?«

»Ja, gewiß, Ehrenwort. Aber ich möchte mal mit Bassett sprechen.«

»Onkel, wenn du gern auch Partner werden willst, können wir alle drei zusammen machen, du und Bassett und ich. Aber du mußt auf Ehrenwort versprechen, daß du nichts davon weitererzählst. Bassett und ich haben Glück und du auch; mit deinem Zehnshillingschein hat's ja bei mir angefangen.«

Onkel Oskar nahm Bassett und Paul mit nach Richmond Park, und dort hatten sie eine Unterredung.

»Das ist so, Sir«, sagte Bassett. »Master Paul ließ sich von mir von den Rennen erzählen. Pferdegeschichten und so. Er wollte immer wissen, ob ich gewonnen oder verloren hätte. Das ist ungefähr ein Jahr her. Ich setzte für ihn fünf Shilling auf Morgenröte, und wir verloren. Dann drehte sich das Glück mit den zehn Shilling von Ihnen. Wir setzten auf Singhalese. Und seitdem ist es im großen und ganzen ganz hübsch dabei geblieben. Was meinst du, Master Paul?«

»Wenn wir unserer Sache sicher sind, geht es in Ordnung«, sagte Paul. »Wenn wir nicht ganz sicher sind, fallen wir rein.«

»Aber wann seid ihr eurer Sache wirklich sicher?« fragte Onkel Oskar.

»Das liegt bei Master Paul«, sagte Bassett mit geheimnisvollem, frommem Tonfall. »Es ist, als hätte er's vom Himmel. So wie jetzt mit Daffodil auf dem Lincoln. Das war vollkommen sicher.«

»Haben Sie auch auf Daffodil gesetzt?«

»Ja, Sir. Ich habe gut abgeschnitten.«

»Und mein Neffe?«

Bassett schwieg hartnäckig und sah Paul an.

»Ich habe zwölfhundert gewonnen, nicht? Ich habe Onkel Oskar erzählt, daß ich dreihundert gesetzt hatte.«

»Das stimmt«, nickte Bassett.

»Und wo ist das Geld?« fragte der Onkel.

»Wir haben es gut eingeschlossen, Sir. Master Paul kann es jederzeit haben, wenn er will.«

»Fünfzehnhundert Pfund?«

»Ja, und zwanzig – das heißt, vierzig, mit den zwanzig, die er heute gemacht hat.«

»Erstaunlich!« sagte der Onkel.

»Wenn Master Paul Ihnen anbietet, Partner zu werden, würde ich's annehmen, wenn ich mir den Rat erlauben darf«, sagte Bassett.

Oskar Creswell überlegte. Dann sagte er: »Ich möchte das Geld mal sehen.«

Sie fuhren nach Hause, und Bassett erschien wirklich mit fünfzehnhundert Pfund in Scheinen im Gartenhaus. Die zwanzig Pfund Reserve waren als Wetteinlage im Wettbüro deponiert.

»Siehst du, es stimmt alles«, sagte Paul. »Wenn ich sicher bin, setzen wir alles, was wir haben, nicht, Bassett?«

»Das tun wir«, nickte Bassett.

»Und wann bist du sicher?« lachte Onkel Oskar.

»Manchmal bin ich eben vollkommen sicher«, sagte Paul, »so wie bei Daffodil. Manchmal hab' ich aber bloß so ein Gefühl, manchmal aber überhaupt keine Ahnung, und dann sind wir vorsichtig, weil wir dann meistens verlieren.«

»Schön. Wenn du aber so vollkommen sicher bist wie bei Daffodil – wie kommt das denn?«

»Das, ja, das weiß ich nicht«, sagte Paul verlegen. »Ich bin einfach sicher, das ist alles.«

»Als hätte er es vom Himmel«, beteuerte Bassett.

»Nein, so was«, sagte der Onkel.

Aber dann wurde er Partner. Als das Leger-Rennen kam, fühlte sich Paul vollkommen sicher für Lebensfunke, der ein ganz bedeutungsloses Pferd war. Paul bestand darauf, tausend Pfund auf ihn zu setzen. Bassett setzte fünfhundert und Onkel Oskar zweihundert. Lebensfunke wurde erster Sieger. Es war zehn zu eins gesetzt worden, und Paul hatte zehntausend Pfund gewonnen.

»Einfach, weil ich vollkommen sicher war«, sagte er.

Oskar Creswell hatte zweitausend vereinnahmt. Aber er sagte: »Hör mal zu, Junge. Das Ganze macht mich nervös.«

»Braucht es doch nicht, Onkel! Vielleicht bin ich jetzt lange Zeit nicht mehr sicher.«

»Was willst du denn nun mit dem Geld machen?« fragte Onkel Oskar.

Paul sagte: »Ich habe es natürlich wegen Mutter gemacht. Sie sagt, sie hat kein Glück, weil Vater keins hat, und ich dachte, wenn ich nun Glück habe, hört das Geflüster vielleicht auf.«

»Was für ein Geflüster?«

»Das in unserem Haus. Ich hasse es, weil es immerzu darin flüstert.«

»Wieso? Was flüstert es denn?«

»Ach, ich weiß es nicht . . . nur, daß nicht genug Geld da ist.« Der Junge wand sich.

»Doch, mein Junge, das weiß ich.«

»Weißt du auch, daß Mutter von den Leuten immerzu Briefe bekommt?«

»Ja, leider.«

»Und dann dieses Geflüster, als ob jemand hinter einem stünde und einen auslachte. Es ist gräßlich. Und ich dachte, wenn ich nun Glück habe . . .«

». . . dann kannst du dem abhelfen.«

Paul sagte nichts und sah ihn nur mit seinen großen blauen Augen an, in denen eine unheimliche Kälte glänzte.

»Ja, und was sollen wir nun tun?« sagte der Onkel.

»Mutter soll nichts davon wissen«, sagte Paul.

»Warum denn nicht?«

»Sie würde es mir verbieten.«

»Das glaube ich nicht.«

Paul wand sich sonderbar hin und her. »Ich will aber nicht, daß sie es weiß!«

»Na schön, dann richten wir es so ein, daß sie nichts erfährt.«

Das war ganz leicht. Auf Onkel Oskars Vorschlag übergab Paul ihm fünftausend Pfund, die beim Rechtsanwalt der Familie hinterlegt wurden. Dieser sollte Pauls Mutter mitteilen, ein Verwandter habe ihm fünftausend Pfund übergeben mit dem Auftrag, an ihren nächsten fünf Geburtstagen ihr jedesmal tausend Pfund auszuzahlen.

»Dann hat sie fünfmal hintereinander ein Geburtstagsgeschenk von tausend Pfund«, sagte Onkel Oskar. »Hoffentlich ist es dann später nicht um so schwerer für sie.«

Der Geburtstag war im November. Im Haus hatte es in der Zeit davor ärger denn je geflüstert; Paul hatte es bei all seinem Glück nicht mehr aushalten können. Ihn verlangte danach, zu sehen, wie der Geburtstagsbrief, der die Nachricht von den tausend Pfund erhielt, auf seine Mutter wirkte.

Wenn kein Besuch da war, nahm Paul jetzt immer, da er kein Kind mehr war, die Mahlzeiten mit seinen Eltern. Seine Mutter ging fast jeden Tag in die Stadt. Sie war begabt für Entwürfe an Stoffen und Pelzen und arbeitete heimlich im Atelier einer Freundin, die bei den führenden Modistinnen für eine Künstlerin galt. Sie zeichnete Damen in Pelzen, Seide und Schmuck für Zeitungsreklamen. Diese junge Künstlerin verdiente etliche tausend Pfund im Jahr; bei Pauls Mutter waren es nur mehrere hundert, und sie war unzufrieden. Sie wollte gar zu gern irgendwo etwas Besonderes leisten, aber es wollte ihr nicht gelingen, auch nicht mit diesen Zeichnungen.

An ihrem Geburtstag saß sie morgens beim Frühstück, und Paul beobachtete, während sie ihre Post las, ihr Gesicht. Er erkannte den Brief des Anwalts. Als sie ihn las, wurde ihr Gesicht hart und ausdruckslos. Dann erschien ein kalter und entschlossener Zug um ihren Mund. Sie tat den Brief unter den Stapel der übrigen Post und verlor kein Wort darüber.

»War nichts Nettes zu deinem Geburtstag dabei, Mutter?« fragte Paul.

»Ganz nett«, erwiderte sie mit kalter, abwesender Stimme. Dann fuhr sie in die Stadt, ohne noch etwas zu sagen.

Am Nachmittag kam Onkel Oskar. Er erzählte, sie habe eine lange Unterredung mit dem Anwalt gehabt und ihn gefragt, ob sie nicht die ganzen fünftausend gleich bekommen könnte, da sie Schulden hätte.

»Und was meinst du dazu, Onkel?« fragte Paul, und Onkel Oskar erwiderte: »Ich überlasse es dir, mein Junge.«

»Dann soll sie alles haben«, meinte Paul. »Ich kann ja mit dem übrigen Geld weiter verdienen.«

»Der Spatz in der Hand ist besser als die Taube auf dem Dach«, bemerkte Onkel Oskar.

»Beim Grand National bin ich sicher, beim Lincolnshire

auch und beim Derby auch«, sagte Paul. »Bei einem von diesen klappt es ganz bestimmt.«

Oskar Creswell gab also sein Einverständnis, und Pauls Mutter bekam die ganzen fünftausend ausbezahlt. Dann geschah etwas sehr Merkwürdiges. Die Flüsterstimmen im Haus steigerten sich bis zur Verrücktheit, wie ein Chor von Fröschen an einem Frühlingsabend. Neue Möbel wurden angeschafft, und Paul erhielt einen Hilfslehrer. Vom nächsten Herbst an sollte er nun wirklich nach Eton, auf die Schule seines Vaters, gehen. Blumen im Winter und ein Luxusaufwand, wie die Frau ihn von früher her gewohnt war. Und dennoch: hinter den Zweigen von Mimosen und Mandelblüten und aus den Haufen schimmernder Kissen hervor gellten und plärrten die Stimmen in schriller Ekstase: »Wir brauchen mehr Geld! Mehr Geld muß her! Sofort, jetzt gleich, viel mehr Geld als bisher!«

Es entsetzte Paul zutiefst. Mit seinem Hilfslehrer trieb er sein Griechisch und Latein; aber seine ausgefülltesten Stunden verbrachte er mit Bassett. Das Grand National hatte stattgefunden; er war seiner Sache nicht ganz sicher gewesen und hatte hundert Pfund verloren. Der Sommer stand bevor. Das Lincoln-Rennen stürzte ihn in Todesängste. Auch für das Lincoln war er sich nicht völlig sicher – er verlor fünfzig Pfund. Er sah wild und verstört drein, als ob etwas in ihm zerspringen wollte.

»Laß es gut sein, mein Junge, und mach dir keine Sorgen«, mahnte Onkel Oskar. Aber der Junge schien ihn gar nicht zu hören.

»Fürs Derby muß ich es wissen, fürs Derby muß ich es wissen!« redete er ein ums andere Mal, einen Ausdruck von Wahnsinn in seinen großen blauen Augen.

Seiner Mutter entging es nicht, wie überreizt er war.

»Du müßtest mal an die See. Möchtest du nicht lieber gleich an die See, statt noch zu warten? Das wäre das beste«, sagte sie. Ihr Herz war sonderbar schwer um seinetwillen.

Aber der Junge sah sie aus unheimlichen Blauaugen an.

»Ich kann unmöglich vor dem Derby gehen, Mutter«, sagte er. »Ganz unmöglich!«

»Aber warum denn nicht?« Ihre Stimme wurde scharf, wenn ihr widersprochen wurde. »Warum denn nicht? Du kannst immer noch vom Seebad aus zum Derby fahren, mit Onkel Oskar, wenn du durchaus willst, du brauchst doch nicht hier darauf zu warten. Überhaupt finde ich, du beschäftigst dich viel zu sehr mit diesen Rennen. Das ist ein schlechtes Zeichen. Wir waren schon immer eine Familie von Spielernaturen, und du wirst erst später einsehen, wie schädlich das ist. Wieviel Unheil hat es schon angerichtet! Ich werde Bassett entlassen müssen und Onkel Oskar bitten, nicht mehr über Rennen mit dir zu reden, ehe du nicht versprichst, vernünftig zu sein. Also fahr an die See, und denk nicht mehr daran. Du bist ja nur noch ein Nervenbündel!«

»Ich will alles tun, was du wünschst, Mutter, wenn du mich nur nicht schon vor dem Derby von hier wegschickst!« sagte der Junge.

»Nicht von hier wegschickst? Wieso hängst du denn plötzlich so an diesem Haus? Das wußte ich noch gar nicht.«

Er starrte sie an, ohne zu antworten. Er hatte ein Geheimnis innerhalb seines Geheimnisses – eins, das er selbst Bassett oder Onkel Oskar nicht anvertraut hatte.

Seine Mutter stand eine Weile unentschlossen und ein wenig verärgert da, dann sagte sie: »Also schön. Geh erst nach dem Derby an die See, wenn du durchaus willst. Aber versprich mir, daß du deine Nerven schonst. Versprich mir, daß du nicht soviel an diese Rennen und sonstige ›Ereignisse‹ denkst, wie du das nennst.«

»O nein«, erwiderte Paul obenhin. »Ich werde nicht viel daran denken, mach dir keine Sorgen. Wirklich, ich würde mir an deiner Stelle keine Sorgen machen, Mutter.«

»Wenn du ich wärest, und ich wäre du, da möcht' ich nur wissen, was wir tun sollen!« sagte seine Mutter.

»Aber du sollst dir wirklich keine Sorgen machen, wirklich nicht«, wiederholte der Junge.

»Ich wäre riesig froh, wenn ich's tatsächlich nicht brauchte«, sagte sie müde.

»Ja, dann kannst du wirklich froh sein, weil du keine Sorge zu haben brauchst«, beharrte er.

»Ja? Na gut, dann will ich's mir vornehmen.«

Pauls geheimstes Geheimnis bestand aus seinem Schaukelpferd, dem ohne Namen. Seitdem er der Kinderstube und dem Kindermädchen entwachsen war, hatte er das Schaukelpferd in seinem eigenen Zimmer im obersten Stock des Hauses aufstellen lassen.

»Du bist aber zu groß jetzt für ein Schaukelpferd«, hatte seine Mutter eingewandt.

Und seine absonderliche Antwort hatte gelautet: »Ja siehst du, Mutter, so lange, bis ich ein richtiges Pferd habe, möchte ich irgendein Tier bei mir haben.«

Sie lachte: »Findest du, es leistet dir Gesellschaft?«

»Ja, darin ist es sehr gut, es leistet mir immer Gesellschaft, wenn ich da bin«, entgegnete er. Seitdem stand nun das ziemlich abgenutzte Pferd, im Sprung erstarrt, in Pauls Schlafzimmer.

Das Derby rückte näher, und Paul wurde immer nervöser. Wenn man mit ihm sprach, hörte er kaum zu; er machte einen zerbrechlichen Eindruck, und seine Augen blickten unheimlich drein. Seine Mutter hatte plötzlich Anwandlungen von Aufregung um seinetwillen. Manchmal überkam sie etwa eine halbe Stunde lang so heftige Sorge um ihn, daß es schon wirklicher Angst glich. Dann konnte es geschehen, daß sie unvermittelt zu ihm hinlief, um sich zu überzeugen, wie es ihm ginge.

Zwei Tage vor dem Derby war sie in der Stadt auf einer großen Gesellschaft, als einer dieser Angstanfälle ihr so ans Herz griff, daß sie kaum ein Wort herausbringen konnte. Sie kämpfte, da sie viel auf gesunden Menschenverstand gab, mit aller Macht dagegen an, aber es war zu stark. Sie mußte den Tanzsaal verlassen, ans Telefon gehen und zu Hause anrufen. Das Kindermädchen war tief erschrocken, als sie so mitten in der Nacht angerufen wurde.

»Miss Wilmot, geht es den Kindern gut?«

»O ja, es geht ihnen gut.«

»Und Paul? Ihm auch?«

»Er liegt zu Bett und ist ganz in Ordnung. Soll ich hinaufgehen und mal nachsehen?«

»Nein, lassen Sie nur«, sagte sie unentschlossen. »Es ist schon gut. Wir kommen bald nach Hause.« Sie wollte nicht, daß Paul gestört würde.

Es war gegen ein Uhr, als Pauls Eltern nach Hause kamen. Alles war still. Die Mutter ging in ihr Zimmer und legte ihren weißen Pelzmantel ab. Sie hatte dem Mädchen gesagt, es solle nicht auf sie warten. Unten hörte sie ihren Mann, der sich einen Whisky-Soda mischte.

Aber dann schlich sie sich doch, voller Unruhe im Herzen, nach oben vor Pauls Schlafzimmer. Lautlos ging sie den oberen Flur entlang; aber war da nicht ein schwaches Geräusch zu hören? Was war das? Sie stand mit angehaltenem Atem vor seiner Tür und lauschte. Sie vernahm einen sonderbaren, schweren und doch nicht lauten Lärm. Das Herz wollte ihr stillstehen. Es war ein geräuschloser Lärm, aber doch heftig und stark. Es war da etwas in gewaltiger, polternder und doch gedämpfter Bewegung. Was konnte das nur sein? Was in des Himmels Namen? Sie ahnte, daß sie es wußte. Sie fühlte, daß sie dieses Geräusch kannte. Sie wußte, was es war. Und doch konnte sie es nicht unterbringen, konnte nicht sagen, was es war.

Und weiter und weiter ging es, wie ein Wahnsinn.

Langsam, starr vor Angst und Schrecken, machte sie die Tür auf.

Im Zimmer war es dunkel. Trotzdem sah sie in einer Ecke nahe am Fenster, wie etwas auf und ab ging. Entsetzt starrte sie es an. Dann drehte sie plötzlich das Licht an und erblickte ihren Sohn, der, mit seinem grünen Pyjama bekleidet, wie ein Verrückter auf dem Schaukelpferd schaukelte. Das jäh aufblitzende Licht überflutete ihn, wie er das Holzpferd antrieb, und überflutete sie, die da in ihrer Blondheit und in ihrem blaßgrün schimmernden Abendkleid auf der Schwelle stand.

»Paul!« schrie sie. »Was machst du da?«

»Malabar!« brüllte er mit gewaltiger fremder Stimme. »Es ist Malabar!«

Seine Augen irrten sekundenlang sonderbar und sinnlos über sie hin, indessen er aufhörte, das Pferd zu spornen. Dann stürzte er mit einem Krachen zu Boden. Von der Qual ihres mütterlichen Gemütes gepackt, rannte sie zu ihm hin, ihn aufzuheben.

Er war ohne Bewußtsein und blieb bewußtlos, von einem Gehirnfieber ergriffen. Er phantasierte und warf sich umher, und seine Mutter saß versteinert dabei.

»Malabar! Es ist Malabar! Bassett, ich weiß es, ich weiß es, Malabar macht es!« So phantasierte er und mühte sich, aufzustehen und das Schaukelpferd, von dem ihm die Eingebung gekommen war, zu besteigen.

»Was meint er denn nur mit Malabar?« fragte die Mutter fröstelnd.

»Das weiß ich auch nicht«, sagte der Vater steinern.

»Was meint er mit Malabar?« fragte sie ihren Bruder Oskar.

»Das ist eins von den Pferden, die auf dem Derby starten«, war die Antwort.

Und wider besseren Willen redete Oskar Creswell mit Bassett und setzte tausend Pfund auf Malabar: mit vierzehn zu eins.

Am dritten Tag von Pauls Krankheit trat die Krise ein. Ruhelos wälzte sich der Junge mit seinem langen, lockigen Haar in den Kissen. Er schlief nicht und erlangte auch das Bewußtsein nicht wieder. Seine Augen glichen zwei blauen Steinen. Seine Mutter saß bei ihm und fühlte nichts mehr von ihrem Herzen, als sei es zu Stein geworden.

An diesem Abend kam Onkel Oskar nicht, aber Bassett ließ anfragen, ob er für einen Augenblick hereinkommen dürfe. Pauls Mutter war zuerst über diese Zudringlichkeit verärgert, gab dann aber nach. In Pauls Befinden hatte sich nichts geändert; vielleicht brachte Bassett ihn wieder zu Besinnung?

Der Gärtner, ein gedrungener Mann mit einem schmalen braunen Schnurrbärtchen und scharfen kleinen braunen Augen, betrat auf Zehenspitzen das Ziel, faßte zum Gruß an seine nicht vorhandene Mütze und trat an das Bett, wo er mit funkelnden, schmalen Augen auf das sich wälzende sterbende Kind starrte.

»Master Paul!« flüsterte er. »Master Paul. Malabar ist als erster durchs Zimmer gegangen. Klarer Gewinn. Ich hab' gemacht, was Sie mir gesagt haben. Sie haben über siebzigtausend Pfund gewonnen. Sie haben jetzt mehr als achtzigtausend. Malabar hat's Rennen gemacht, Master Paul!«

»Malabar! Malabar! Mutter, hab' ich Malabar gesagt? Hab' ich Malabar gesagt? Hab' ich Glück gehabt, Mutter? Ich wußte, daß Malabar es macht. Über achtzigtausend Pfund. Das ist doch Glück, nicht wahr, Mutter! Über achtzigtausend! Ich wußte es, ich war ganz sicher. Malabar hat es gemacht! Wenn ich auf meinem Pferd reite, bis ich Gewißheit hab', dann sag' ich Bassett Bescheid, und er kann so hoch setzen, wie er will. Hast du alles gesetzt, was du hast, Bassett?«

»Ich hab' tausend gesetzt, Master Paul.«

»Das hab' ich dir nie erzählt, Mutter, aber wenn ich mein Pferd reite und richtig hinkomme, dann bin ich vollkommen sicher, vollkommen! Hab' ich dir das nie erzählt, Mutter, daß ich Glück hab'?«

»Nein, das hast du nie«, sagte die Mutter.

Aber Paul starb in dieser Nacht.

Und wie er tot dalag, hörte sie die Stimme ihres Bruders an ihrem Ohr: »Mein Gott, Hester, achtzigtausend Pfund gewonnen und einen armen Teufel von Sohn verloren. Armer Kerl! Armer Kerl! Aber er tat gut daran, aus dem Leben zu gehen . . . Mußte auf einem Schaukelpferd reiten, um den Sieger kennenzulernen.«

Djuna Barnes

Eine Nacht mit den Pferden

Bei Anbruch der Abenddämmerung im Sommer jenes Jahres kroch ein Mann im Abendanzug mit Zylinder und Stöckchen auf Händen und Knien durch das Gesträuch, das das Weideland des Bucklerschen Gutes säumte. Ihm schmerzten die Handgelenke von seinem Gewicht, und er setzte sich hin. Zudringliche Kletterpflanzen, wohin er auch blickte; sie erklommen die Bäume, die Zaunpfähle, sie waren überall. Er spähte durch das dichte Gewirr der Zweige und erblickte eine Gruppe weißstämmiger Birken, die vor der Dunkelheit schimmerten wie Zähne in einem Schädel.

Er konnte hören, wie das Tor in seinen Angeln knirschte, wenn der Wind dagegenschlug. Sein Herz bewegte sich mit der Erde. Ein Frosch ließ seinen quakenden, unwiederbringlichen Ruf hören: der Mann rang nach Atem, die Luft war erdrückend heiß, als berge er sich in einer Höhle des Erstaunens.

Er wäre gern eingenickt; statt dessen legte er jedoch Hut und Stöckchen neben sich, strich die Rockschöße unter sich glatt, legte sich flach auf den Rücken und wartete. Eine rasche Bewegung erschütterte den Boden. Unvermittelt begann er, warnend zu beben, und er fragte sich, ob das von seinem Herzen kam.

Weit weg blinkte eine Lampe im Fenster, als die Zweige gegen den Wind schwangen; der Geruch zerdrückter Gräser, der sich mit dem schwachen, beruhigenden Stallgeruch mischte, fächelte empor und verflüchtigte sich nordwärts.

Das Beben setzte sich fort, es lief unter seinem Körper hindurch und stürzte dann in die Erde hinab.

Er richtete sich auf. Er setzte den Hut auf den Kopf und

stemmte den Rohrstock zwischen seine gespreizten Beine gegen den Boden. Jetzt spürte er nicht nur das Beben der Erde, sondern bekam auch das gedämpfte, hörnerne Geräusch von Hufen mit, die gegen die Grasnarbe schlugen, wie ein Freund dem anderen auf den Rücken schlägt, hart, aber ohne Böswilligkeit. Sie waren auf seiner Seite angelangt, als sie die Kurve der Willow Road nahmen. Er preßte die Stirn gegen das Gatter.

Das leise, bedrohliche Geräusch steigerte sich, wie sich Hitze steigert; die Pferde donnerten mit gestreckten Hälsen an ihm vorbei, und ihre Beine hoben und senkten sich wie wilde, planlos stichelnde Nadeln.

Er sah, wie ihre Bäuche sich hin- und herwarfen und die Stangen des Zauns streiften, während sie vorbeischwenkten. Keuchend erhob er sich auf seiner Seite der Barriere. Sein Fuß verfing sich in der kriechenden Fichte, und er stürzte zu Boden, wobei er sich den Kopf an einem Baumstumpf aufschlug. Blut rann ihm vom Schädel. Wie eine rote Mähne lief es ihm in die Augen, und er strich es mit dem Handrükken weg, als er seinen Hut aufsetzte. In dieser Haltung wurde er von den stampfenden Hufen durchgerüttelt wie ein Kind auf einem Knie.

Als nächstes suchte er nach seinem Stock und fand ihn im Farn verhakt. Eine wächserne Winde streifte seine Wange, als er sich niederbeugte. Er ließ die Zunge daran entlanggleiten und knipste sie mit den Zähnen durch. Wie er sich auch bewegen mochte, das Gras war ständig unter ihm und knackte mit Zweigen und Zapfen. Eine Eichel fiel aus dem weich niederrieselnden Puder des Waldes herab. Er hob sie auf, und während er sie zwischen Zeigefinger und Daumen hielt, kehrten seine jagenden Gedanken zu der Szene mit der Hausherrin zurück, denn als was hätte man sie sonst bezeichnen können, wenn nicht als »die Hausherrin«, Freda Buckler, die zierliche, temperamentvolle Frau, die eine Trommel als Herz und einen Spielzeugkörper hatte, der alles unterstand, die schnurrte, durchdrungen von Schamlosigkeit, ein mechanisches Schnurren, das ihr die Menschlichkeit austrieb.

Er blies gegen seinen Schnauzbart. Freda mit diesem ärgerlichen gelben Schleier! Er erklärte ihr, er sei »ärgerlich«, er erklärte ihr, er sei ‹schamlos›, nichts als ein Mittel der Verführung. Er blies die Backen auf und pustete sie an, als sie vorbeiging. Sie lachte, strich ihm über den Arm, warf den Kopf zurück, die Nüstern leuchtend rot bis obenhin. Sie waren am Ende gemeinsam ausgeritten, eine Stiefellänge Abstand zwischen sich, sie nicht größer als eine Grille. Zutiefst unglücklich hatte er seinem Pferd die Sporen gegeben, und sie hatte gesagt: »Sachte, John, sachte!« und ihren breiten brennenden Mund gezeigt. »Du kannst doch nicht das *ganze Leben lang ein* Stallknecht bleiben! Pferde!« schnaubte sie verächtlich. »Ich mag Pferde, aber . . .« Er hatte seine Reitgerte sinken lassen. »Es gibt noch andere Dinge. Du kannst nicht einmal immer weiter Reitknecht bleiben, nicht mit soviel Armut, und du weißt es. Ich werde einen Gentleman aus dir machen. Ich führe dich auf eine Stufe, wo man nicht länger ein ›Ding‹ ist. Du wirst sehen, du wirst es genießen.«

Er hatte sich hinübergelehnt und mit seiner Peitsche nach ihrem Stiefel geschlagen. Sie erwischte sie am Knie, der Fuß flog in seinem Steigbügel auf, als sie tanzte.

Und das kleine Biest war entzückt! Sie trabten eine Weile weiter, und sie trabten zurück. Er half ihr beim Absitzen, und sie schwebte davon, mit nachflatterndem gelbem Schleier, und rief ihm über die Schulter zu:

»Du wirst es *lieben*!«

Noch ehe sie es einen Monat lang so getrieben hatten (indem sie einander aus der Fassung brachten, einander hierhin und dahin zerrten, jagend und gejagt), wurde daraus ein Spiel bar jeden Vergnügens. Verderbte Dame, verderbter Stallknecht, auf den Schwingen des Taumels.

In was zog sie ihn da hinein? Er schrie, brüllte, knallte mit der Peitsche – was stellte sie sich vor, was sie wollte? Die Art Frau, die nicht die Wahrheit sagen kann; die Wahrheit rann aus ihr heraus und floh sie, als wären ihre Adern Pipetten, die der Teufel hineingesteckt hatte; und wenn er trank, dann blähte er sich auf und wurde eine Beute des Stolzes, er schwemmte ihn hinweg. Er sah sie in jedem Spiegel hinter sich stehen, sie folgte ihm von Schaustück zu Schaustück, sie tauchte neben ihm auf, führte ihn umher, ihre Hand unter seinem Ellenbogen.

»Du wirst zum Generalgouverneur aufsteigen – nun, sagen wir, zum Inspekteur . . .«

»Inspekteur!«

»Was dir lieber ist, sag meinethalben Rittmeister – sag Kavallerieoffizier. Auch wieder Pferde, Leder, Peitschen . . .«

»O mein Gott!«

Sie wieherte nahezu, als sie auf dem Absatz herumfuhr:

»Mit einer breiten, flachen, edlen Brust«, sagte sie, »du wirst mit Ehrenzeichen gepflastert sein . . . Bedeckt sein davon . . . Du wirst nicht länger Trübsal blasen . . .«

»Hören Sie auf!« schrie er. »Ich bin *gerne* gewöhnlich!«

»Bei einer derart behenden Taille werden die Hörner dich verfehlen.«

»Was für Hörner?«

»Das Dilemma.«

»Ich könnte Sie schon zum Schweigen bringen, und zwar gründlich, wenn ich wollte!«

Sie war amüsiert. »In die Enge getrieben?« fragte sie.

Sie quälte ihn, sie wußte es. Sie quälte ihn mit ihren »kulturellen« Gegenständen. Das Knie auf eine Ottomane gestützt, hielt sie die zerbrechlichste Miniatur empor, ihm entgegen, ein Stück Elfenbein in der hohlen Hand, mit der sie es von der Sonne weghielt, und sagte: »So schau doch nur, schau doch!«

Er legte die Hände auf den Rücken. Sie trieb ihm das aus. Sie forderte ihn auf, uralte Meßbücher in die Hand zu nehmen, Märchenbücher, alle hübsch gearbeitet, alle in rotbraunen Rips gebunden. Sie breitete Landkarten aus und zeigte, indem sie mit einer langen Hutnadel über Berge und

Klüfte fuhr, »nur mal eben, wo sie gewesen war«. Wie eine trockene Schnecke wanderte die Spitze die Küste entlang, bis sie auf einmal, indem sie den Stahl hineinbohrte, *»Borgia!«* rief und dastand und mit einem Ring voller uralter Schlüssel klapperte.

Seine Besorgnis wuchs im Verein mit seiner Neugierde. *Wenn* er sie nun heiratete – nachdem er sie geheiratet *hatte*, was denn dann? Wo stünde er, nachdem er ihre verrückte Laune befriedigt hätte? Was würde sie am Ende aus ihm machen, mit einem Wort, was würde sie von ihm übriglassen? Nichts, absolut nichts, nicht einmal seine Pferde. Da hätte man einmal einen verdammten Idioten. Er würde nach Freda nirgends mehr hinpassen, er wäre weder, was er war, noch was er gewesen war; er wäre ein *Ding*, halb stehend, halb hockend, wie jene Figuren unter den Dächern historischer Gebäude, die Ruhestellung der Verdammten.

Er hatte sie oft angeschaut, ohne sie zu sehen. Nach einer Weile begann er, sie mit großer Aufmerksamkeit zu betrachten. Nun ja! Wirklich ein maushaftes Frauchen mit hellem, hübschem Haar, das ihr wie Insektenfühler in den Nacken fiel und sich regte, wenn der Wind sich regte. Sie huschte und tänzelte zuviel umher, immer mit der bewußtlosen Intensität eines mechanischen Spielzeugs, das über den Boden ruckte und schnurrte.

Und sie war ihm immer um ein, zwei Schritte voraus oder strich ihm, um Armeslänge von ihm entfernt, gerade nur so über den Arm, oder sie kam wie ein Windstoß herein und legte ihr spitzes kleines Kinn auf seine Schulter, wobei sie langsam wieder entschwebte – nur, damit er über sie stolperte, wenn er sich umwandte. Und an diesem speziellen Tag hatte er sie beim Handgelenk gepackt und sie herumgeschleudert. Dies eine Mal, dachte er bei sich selbst, dies eine Mal werde ich sie ohne alle Umschweife nach der Wahrheit fragen. Vielleicht verjagt ein direkter Schuß sie ja.

»Miss Freda, einen Augenblick mal! Sie wissen doch, ich habe keinen einzigen Freund auf der Welt. Sie wissen ganz genau, daß ich keinen Menschen habe, zu dem ich gehen und von dem ich mir auf irgendeine Frage eine Antwort holen kann. Also gut, was wollen Sie eigentlich von mir?«

Sie errötete bis in die Haarwurzeln. »Mädchenhaft! Sie wollen doch nicht etwa mädchenhaft werden?« Sie sah aus, als würde sie gleich schreien, ihre ganze Gestalt siedete, doch sie fing sich wieder und sagte gedehnt mit gespielter Gelassenheit:

»Sei nicht nervös! Sei geduldig. Du wirst dich an alles gewöhnen. Es wird dir sogar gefallen. Es gibt nichts Erfreulicheres als den Aufstieg.«

»Und dann?«

»Dann wird alles andere in weite Ferne rücken, der Stall und alles andere.« Sie versenkte ihre Nasenflügel in die Falten eines Spitzentaschentuchs. »Ist das nicht ein lohnendes Schicksal?« näselte sie.

Am schlimmsten von allem war der letzte Abend gewesen, der Abend des Maskenballes. Sie hatte auf seiner Anwesenheit bestanden. »Komm«, sagte sie, »einfach so, wie du bist, und sei unser Einpeitscher.« Das war der endgültige Schlag, die unverzeihliche Beleidigung gewesen. Er hatte gehorcht, nur war er nicht »einfach so, wie er war«, gekommen. Er machte sorgfältig Toilette; er zog sich für den Abend an wie ein feiner Herr; er war infolgedessen der einzige Anwesende, der nicht »angezogen« war, das heißt, nicht für die Gelegenheit passend.

Bei seiner Ankunft fand er die meisten Gäste beschwipst. Es dauerte nicht lange, und er war selbst mehr als nur ein bißchen angetrunken und stellte entsetzt fest, daß er, würdevoll und langsam, ein Menuett tanzte mit einem prächtigen weichen Plunderkuchen von einer Frau, die, besternt von Zechinen, in Kaskaden von gebauschtem Tüll vor sich hin grunzte. Schleunigst entwand er sich dieser Umarmung, hielt auf den blanken Stellen des kolophoniumbepuderten Bodens mühsam das Gleichgewicht und traf auf Freda, die mit einem winzigen Gläschen Magenlikör auf ihn zutrat und ihn ihm in den offenen Mund kippte. In dem Augenblick wurde ihm bewußt, daß er nach Luft geschnappt hatte.

Er blieb abrupt stehen. Sein fieberhafter Blick erfaßte den ganzen Raum. Dort in der Ecke saß Fredas Mutter mit ihren Katzen. Sie saß immer in Ecken, und sie saß immer mit Katzen. Und da war der Rest der Besetzung – Vettern, Neffen, Onkel, Tanten. Im nächsten Augenblick, die *Gaillarde*. Freda stand, die Arme erhoben, die Handflächen nach außen gekehrt, die Ellenbogen in Brusthöhe nach innen angewinkelt, eine Gottesanbeterin, unmittelbar vor ihm. Halt! Er entzog sich ihr, zeichnete mit der Krücke seines Stöckchens säuberlich einen Kreis um sie und wich dann durch die Fenstertüren zurück.

Dann wußte er nichts mehr, bis zu dem Augenblick, wo er sich im Gesträuch wiederfand, seufzend, das Gesicht dicht am Gatter, und hineinspähte. Er war wieder bei seinen Pferden; er war dort, wo er nun wieder hingehörte. Er konnte hören, wie sie die Grasnabe aufrissen, umhergaloppierten, als befänden sie sich ihrerseits in ihrem Ballsaal, und das, was das Seltsamste überhaupt war, in dunkler Nacht.

Er fing an, sich unter der niedrigsten Stange hindurchzuziehen, Hut und Stock warf er voraus, und robbte keuchend hinein. Der schwarze Hengst war jetzt an der Spitze. Die Pferde nahmen gerade die Kurve in der Willow Road, die auf die entferntere Koppel führte, und durch den Staub hindurch sahen sie zugleich schwach und riesenhaft aus.

Auf der Hügelkuppe hatten sich vier von ihnen abgesondert und verharrten, um Witterung aufzunehmen. Er würde sich eins einfangen, aufsitzen, er würde fliehen! Er hatte keine Angst mehr! Er stand auf und schwenkte schreiend Hut und Stock.

Sie schienen ihn nicht zu erkennen, und sie kurvten an ihm vorbei und jagten davon. Er starrte ihnen nach, dem Weinen nahe. Er dachte nicht an seine Kleidung, seine weiße Hemdbrust, den Zylinder, den fuchtelnden Stock, sein unvermitteltes Auftauchen aus der Dunkelheit, ihre Erregung. Aber bestimmt mußten sie ihn erkennen – es konnte sich nur noch um Sekunden handeln.

Stampfend, mit flatternden Mähnen, schnaubenden Nüstern, Dampf ausstoßend, als sie herannahten, passierten sie ihn, eine wiehernde Flut, und er verfluchte sie entsetzt, doch was er rief, war »Hure!«, und er kämpfte mit einem rasenden Schmerz, der ihn würgte, und lag am Boden ausgestreckt, schluchzend. »Ich *kann* das, verdammt noch mal, ich schaffe das, ich komme da schon noch hin!«

Die fliegenden Hufe des ersten Pferdes verfehlten ihn, die des zweiten nicht.

Wenig später zerstreuten die Pferde sich, knabbernd und schweifschlagend, und mieden dabei eine Stelle, wo das Gras hoch stand.

Robert Musil

Kann ein Pferd lachen?

Ein angesehener Psychologe hat den Satz niedergeschrieben: ».. . denn das Tier kennt kein Lachen und Lächeln.«

Das ermutigt mich zu erzählen, daß ich einmal ein Pferd lachen gesehn habe. Ich dachte bisher, das könne man alle Tage behaupten, und getraute mich nicht, Aufhebens davon zu machen; aber wenn es etwas so Kostbares ist, will ich gern ausführlich sein.

Also es war vor dem Kriege; es könnte ja sein, daß seither die Pferde nicht mehr lachen. Das Pferd war an einen Schilfzaun angebunden, der einen kleinen Hof umgrenzte. Die Sonne schien. Der Himmel war dunkelblau. Die Luft äußerst milde, obwohl man Februar schrieb. Und im Gegensatz zu diesem göttlichen Komfort fehlte aller menschliche: Mit einem Wort, ich befand mich bei Rom, auf einem Landweg vor den Toren, an der Grenze zwischen den bescheidenen Ausläufern der Stadt und der beginnenden bäuerlichen Campagna.

Auch das Pferd war ein Campagnapferd: jung und zierlich, von dem wohlgeformten kleinen Schlag, der nichts Ponyartiges hat, auf dem ein großer Reiter aber aussieht wie ein Erwachsener auf einem Puppenstühlchen. Es wurde von einem lustigen Burschen gestriegelt, die Sonne schien ihm aufs Fell, und in den Achseln war es kitzlig. Nun hat ein Pferd sozusagen vier Achseln und ist darum vielleicht doppelt so kitzlig wie der Mensch. Außerdem schien aber dieses Pferd auch noch je eine besonders empfindliche Stelle an der Innenseite der Schenkel zu haben, und jedesmal, wenn es dort berührt wurde, konnte es sich vor Lachen nicht halten.

Schon wenn sich der Striegel von weitem näherte, legte es die Ohren zurück, wurde unruhig, wollte mit dem Maul hinfahren und entblößte, wenn es das nicht konnte, die Zähne. Der Striegel aber marschierte lustig weiter, Strich vor Strich, und die Lippen gaben nun immer mehr das Gebiß frei, indes sich die Ohren immer weiter zurücklegten und das Pferdchen von einem Bein auf das andere trat.

Und plötzlich begann es zu lachen. Es fletschte die Zähne. Es suchte mit der Schnauze den Burschen, der es kitzelte, so heftig es konnte, wegzustoßen; in der gleichen Weise, wie das eine Bauernmagd mit der Hand tut, und ohne daß es nach ihm gebissen hätte. Es trachtete auch, sich zu drehen und ihn mit dem ganzen Körper fortzudrängen. Aber der Knecht blieb im Vorteil. Und wenn er mit dem Striegel in der Nähe der Achsel anlangte, hielt es das Pferd in keiner Weise mehr aus; es wand sich auf den Beinen, schauderte am ganzen Leib und zog das Fleisch von den Zähnen zurück, so weit es nur konnte. Es benahm sich dann sekundenlang genau so wie ein Mensch, den man dermaßen kitzelt, daß er nicht mehr lachen kann.

Der gelehrte Zweifler wird einwenden, daß es dann eben doch nicht hat lachen können. Darauf ist ihm zu antworten, daß dies insofern richtig sei, als der von beiden, der jedesmal vor Lachen wieherte, der Stallbursche war. Das scheint in der Tat nur ein menschliches Vermögen zu sein, vor Lachen wiehern zu können. Aber trotzdem spielten die beiden sichtlich in Übereinstimmung, und sobald sie wieder von vorn begannen, konnte gar kein Zweifel daran bestehen, daß auch das Pferd lachen wollte und schon auf das wartete, was kommen werde.

So schränkt sich der gelehrte Zweifel an der Fähigkeit des Tieres darauf ein, daß es nicht über Witze zu lachen vermag.

Das aber ist dem Pferd nicht immer zu verübeln.

Quellennachweis

Djuna Barnes, »Eine Nacht mit den Pferden«.
Aus: Djuna Barnes, Leidenschaft. Neun Erzählungen. Deutsch von Karin Kersten.

Björnstjerne Björnson, »Blacken«.
Übersetzt von Hermann Denhardt.
Philipp Reclam jun. Verlag, Leipzig.

Tania Blixen, »Gespensterpferde«.
Aus: Tania Blixen, Gespensterpferde: nachgelassene Erzählungen. Aus dem Dänischen von Ursula Gunsilius.

Elisabeth Castonier, »Fairy Queen und Ma Belle«.
Aus: Elisabeth Castonier, Mill Farm.

James Herriot, »Der Backenzahn«.
Aus: James Herriot, Der Doktor und das liebe Vieh.
Deutsch von Friedrich Kloth.

D. H. Lawrence, »Der Sieger mit dem Schaukelpferd«.
Aus: D. H. Lawrence, Verliebt – Gesammelte Erzählungen.
Deutsch von Martin Beheim-Schwarzbach.

Bitte beachten Sie
die folgenden Seiten